그해 덕선이

미야 **이은미** 수필집

그해 덕선이

수필과비평사

| 작가의 말 |

아낌없이 주는 나무

위기의 순간마다 나를 위해 기도해 주시고 도와준 가정이 있다. 밥 버포드(Bob Burford)의 인생에서 피터 드러커가 있다면, 나에게는 김용욱 장로님과 윤영주 전도사님이 계신다. 이 귀한 가정은 배고픈 시절 끊임없이 식탁을 베푸시며 배부르게 먹이셨다. 함께 음식을 나누는 것이 얼마나 큰 위력을 발휘하는지. 그때마다 초록잎이 무성한 든든한 나무 옆에 기대앉았다. 두 분의 모습을 흉내라도 내고 싶었다.

미로처럼 헤매다가 쉰에 한일장신대에 입학했다. 허리가 아프기 시작하면서 〈어두문학회〉에 발을 들였다. 인생의 폭우가 쏟아질 때 날 돕는 한 사람을 보내달라고 기도하곤 했다. 홀로 살 수 없는 세상에서 천사를 보내주시길. 왜 그랬을까. 미래에 닥칠 감당하지 못할 시련 앞에서 비척거리다가 영원히 쓰러질까 두려웠나 보다. 절망이 바다를 이룬 순간, 하루를 버틸 수 없던 시간. 문학회에서 소유정 전도사님을 만났다. 자신의 목숨처럼 날 위해 기도해 주는 한 사람. 무성한 잎사귀가 주는 시원한 그늘에 앉으니 슬픔은 반이 되었다.

누워서 책받침을 잡고 종이에 긁적거리며 글을 쓰기 시작했다. 이렇게 하다 보니 수필가로 등단했다. 마음에 간직한 상처, 아픔, 이로 인한 절망. 글로 써 내려가다 보니 회복이라는 두 글자만 결정체로 남았다.

글을 잘 쓰려면 잘 살아야 한다는 최재선 교수님의 잠언을 들여다본다. 글쓰기의 원칙을 온몸으로 아낌없이 쏟아내시며 글에 대한 열정에 진심이셨다. 스승님은 아낌없이 주는 나무가 되셨다. 나무를 보면서 나 또한 힘들 때 누군가 쉬어가는 듬직한 나무가 되고 싶었다.

  오늘 하루를 어떻게 살아야 할지 암담한 이들이 덕선이로 인해 도전을 받는다면. 어둠 속에서 희망이 안 보여 낙담한 이가 덕선이를 보고 웃을 수 있다면. 일곱 번 넘어진 이가 여덟 번 새롭게 일어날 수 있다면. 덕선이의 삶에 빠져들어 글을 단숨에 읽어 내려간다면. 그래서 삶의 신선한 공기를 입 안 가득 불어넣을 수만 있다면. 인생을 살아갈 작은 소망 가질 수 있다면.

  비 오는 날 고무신을 끌고 찾아가도 좋을 친구. 밤늦도록 공허한 마음도 마음 놓고 보일 수 있는 친구. 악의 없이 남의 얘기를 주고받고 나서도 말이 날까 걱정하지 않는 친구. 『그해 덕선이』가 그런 친구, 아낌없이 주는 나무가 된다면. 너무나 평범한 덕선이가 평범한 이들에게 시원한 냉수 한 잔 된다면 더할 나위 없이 좋겠다.

  버들잎 하나를 아중호수에 띄운다.

2024년 9월
풀벌레 교향곡이 깊어가는 가을 밤에 미야

| 목차 |

1부

젊은 날의 초상 - 12
짝 - 16
마음의 시루에 자라는 물음표 - 20
한여름 날의 추억 - 24
그해 덕선이 - 28
우리들의 사진첩 - 32
목련꽃 피는 봄날에 - 36
우물물의 노래 - 40
덩그러니 - 44
바람이 솔솔 - 48
능소화 - 52
이처럼 사소한 것들 - 56

2부

수레바퀴 아래서 - 62

울음꽃 - 66

살아있는 유언 - 70

꽃밭에서 - 73

Yesterday Once More - 77

겨울 이야기 - 81

독백 - 85

특별한 하루 - 89

장미의 계절 - 93

마음 걷기 - 97

어머니의 레퍼토리 - 101

마음의 소리 - 105

감자탕 - 109

3부

인생의 회전목마 - 114

미로 찾기 - 118

미소 - 122

계단 아래로 - 126

달콤한 휴가 - 129

초대 - 133

폭풍우 치는 밤에 - 137

한 줄기의 빛 - 140

하프타임 - 144

안부 - 148

인생의 계절 - 152

소망 1편 - 156

4부

트리안 - 160

예고 없이 찾아온 기쁨 - 164

Eternal Love - 168

끝의 시작 - 172

기적 - 176

선물 - 180

그 여자 - 184

아름다운 시절 - 188

축복 - 192

찰나의 순간 - 195

시간의 약속 - 199

눈꽃 - 203

5부

I am ground 자기소개하기 - 208

미션 임파서블 - 211

바다의 노래 - 215

여섯 우주 - 219

길 - 223

불꽃놀이 - 227

낭만 문학회 - 231

영광의 탈출 - 235

다락방 - 239

풍경 - 243

희망의 노래 - 247

■ 추천하는 글

삶으로 숙성한 글장 | **최재선** (시인, 수필가, 한일장신대 교수) - 251

1 부

나만 답안지를 베낀 걸까.
삶은 수학처럼 어려운 걸까.
인생의 미로를 헤맨다.
1g의 희망이라도 찾으려고.
- 「마음의 시루에 자라는 물음표」 가운데

젊은 날의 초상

부정적인 사고방식은 모든 것의 적이다.

마음이 춥다. 뭐가 이렇게 텅 비어있는지 모르겠다. 스물 넷. 무엇이 이리도 힘들까. 산다는 게 너무 어렵다. 가슴 한구석이 시리다. 외롭다는 것 이상의 어떤 고독이다. 항상 괴롭고, 항상 어렵고, 항상 울고 싶은 이유는 뭘까. 지금은 모든 것이 콩나물같이 자란 물음표 같을 뿐. 과연 그 해답을 어디서 찾을까. 시리다. 눈도, 가슴도, 손도, 발도. 그 모든 것이. 또 의미 없이 하루가 지나간다. 비발디의 〈사계〉 가운데 '가을'이 울려 퍼진다.

날짜 감각이 없어졌다. 한강 다리를 건너는 버스 안에서, 괜히 마음이 아파 눈물이 찔끔찔끔 나온다. 삶에 대한 한숨만 터져 나온다.

불확실한 미래를 맘 한구석으로 욱여넣으니. 창문으로 들어오는 찬 바람이 얼굴에 맞부딪친다. 꿈에서도 생각하지 않은 중매가 들어오다니. 이래저래 그냥 가슴이 시리다.

아르바이트 마지막 날. 엘리베이터 안에서 눈가가 축축해진다. 아무렇지도 않을 줄 알았는데. 홍 차장님이 한 말 때문일까. "오늘 송별회 해야지. 조금 쉬었다 또 오면 그때도 해 줘야지." 목구멍에서 숨이 턱 막힌다. 정숙 언니에게 홍 차장님은 아주 못됐다고, 정말 못됐다고 전해주라고 했다. 내 발로 나온 증권회사를, 내 발로 들어가 한 달 동안 아르바이트를 하다니. 입사 동기가 용돈도 벌 겸 아르바이트 자리가 비었으니 해보라고 권유했다. 퇴사하고 경제적으로 힘들어하는 나에게.

출근하는 첫날. 쓸데없이 여긴 왜 오냐는 직원의 일기예보에 낯부끄럽고 서러웠다. "은미야! 전화도 받지 말고, 은행 심부름도 절대 하지 말고, 본사만 다녀와서 칼같이 퇴근해." 모두 한 입 모아 말했다. 값어치는 해야 한다고 생각했을까. 아니면 쓸개도 없었을까. 일찍 출근해서 전화도 받고 잔일을 도왔다. 바라보는 마음이 편치는 않았을 터. 여러 직원의 표정은 먹구름이 끼어 칙칙했다. 홍 차장님이 말했다. "그래, 잘 왔어. 정말 잘 왔어. 근데 본사만 갔다 와서 퇴근하지. 뭐 도와준다고 전화까지 받냐?"

괴로워서 로마의 철학자 키케로가 말한 「세상에서 가장 힘든 세 가지」를 일기장에 긁적거린다. 첫째, 다른 사람이 날 괴롭힌 것을 잊어버리는 일. 둘째, 한가한 시간을 잘 보내는 일. 셋째, 비밀을 지키는 일. 자신이 속할 수 없는 세계에 있는 친구가 부러웠다. 응어리진 감정을 가득 짊어진 방랑자는. 가시방석 같은 자리를 한 달 만에 마침내 벗어났다. 능력 없는 나를 벼랑 끝으로 몰아세우며. 사는 건 뭘까? 난 이 세상에서 어떤 존재지? 날 존재하게 만드는 것은 뭐지? 날 좋아하는 사람은 누굴까? 무언가 뒤집혔으면 좋겠다.

토요일 오후, 외출을 준비하는데 전화벨이 울린다. 낯 설은 목소리에 누군가 했는데 서울아산병원이다. 1차 서류전형에 붙었다고. 화요일 오후 3시 반까지 오라고. 콩닥콩닥 뛰는 마음을 안고 서울아산병원을 찾았다. 나 정도면 붙을 것이란 확신은 얼마 안 가서 곧 무너졌다. 오랜만에 비가 온다. 그동안 쌓인 스트레스가 꼴꼴 넘치는 빗물과 함께 사라져간다. 태화는 내일모레부터 출근한다고 하고, 부영이와 춘자가 결혼한다는 소식이 들려온다. 진심으로 축하했다. 하지만 그냥 가슴이 시리다.

한 달 전부터 책을 여러 권 읽으며 타인의 인생을 간접적으로 체험하고 있다. 『드보라』, 『달리는 세상, 못 말리는 DJ』, 『어쨌든 튀는 여자』, 『무소의 뿔처럼 혼자서 가라』, 『그대 아직도 꿈꾸고 있는가』, 『우리 사는 동안에』를 품에 안으면서. 특히 여성의 문제를 다룬 책에 관심이 생기고 있다. 책을 좀 읽은 영향일까. 어렸을 적부터 일기를 쓴 게 도움을 준 것일까. 진희, 태화와 편지를 주고받은 게 한몫 한 것일까. 글재주가 있나 보다. 여러 사람에게 글 잘 쓴다는 얘길 종종 듣는다. 내가 모르는 모습을 보게 되는 순간이다. 이것도 개발해야 하는 일부분일까. 잘 모르겠다. 어쨌든 감사한 일이다.

진희가 새로운 전문분야에 관한 도움을 주었다. 카피라이터라는 게 있단다. 현주언니도 글쓰기에 소질이 있다고 말해줬고, 민선이도 글 잘 쓰는 게 부럽다고 했다. 전화로 학원에 문의해 본 결과, 화요일과 수요일 저녁 7시부터 9시까지 수업이 있다. 다음 날 다시 상담받았지만 카피라이터의 환상은 하루 만에 깨졌다. 너무 비싼 이유로. 취직하러 어린이 미술학원에 갔다가 월급이 너무 적어서 되돌아왔다. 시내에 있는 매일경제신문 비즈니스센터에 가서 회원등록도 했다. 몇 군데 회사에서 면접도 봤다.

1994년 겨울. 첫눈이 내린다. 너무 아파서 드러누웠다. 감기도 걸리고 음식 먹은 것이 체했나 보다. 꼭 내게 머물러 있던 온갖 외로움과 슬픔이 체했던 것 같다. 인생의 무거운 짐에 짓눌려 아팠던 것 같다. 그냥 현실을 수용하기로 했다. 그냥 내 모습 그대로 직시하기로 했다. 바람 앞에서 늘 그랬듯이. 몸살 하는 청춘은 입안엣소리로 읊는다. 허공을 향해. "난, 나중에 반드시 잘될 거예요."

뜻밖의 편지가 왔다. 증권회사 동기인 윤경이에게서. 장장 4장에 흘려 쓴 글들. 윤경이가 힘들었나 보다. 힘든 삶을 나에게 털어놓았다는 사실이 고맙다. 세수하고 답장하려고 이부자리에 엎드린다. 째깍째깍 시곗바늘 돌아가는 소리. 다시는 주워 담지 못할 시간들.

0시, 하루가 다시 시작된다.

2024. 2. 12

짝

학교 홈페이지에 로그인하는데, "Remember me"에 시선이 말뚝처럼 박힌다.

마음의 실타래가 얼기설기 엉키는 순간. 어제 자리가 정해져서 은주와 짝이 되었다. 우리 반은 한 달에 한 번씩 짝꿍이 바뀐다. 은주와 지금까지 있었던 일 때문에 마음이 진흙탕인데. 어떤 애가 은주에게 누구랑 짝이 됐냐고 묻는 소리가 들린다. 우리 반에서 자신이 제일 싫어하는 애라고 대답하는 은주 목소리. 뾰족뾰족 온몸에 가시가 돋는다.

수업 시간에 사회과 부도 챙기는 걸 빠뜨렸다. '아! 불운한 내 인생이여' 주목받기 싫다. 선생님께서 제발 나를 모른 척하시길 되뇐다.

내가 은주라면 책을 내밀며 같이 보자고 할 텐데. 지나가시던 선생님께서 나보고 얌살 머리가 없다며, 짝하고 같이 보라고 하신다. 은주가 나 있는 쪽으로 책을 밀어댄다. 슬그머니. 억지로.

지난 주말 아무리 기다려도 은주는 오지 않았다. 은주에게 빌려준 국어 문제집을 돌려받기로 했는데. 길음 시장 앞에서 한 30분 기다리다가 집으로 돌아왔다. 다음 날 은주를 만났을 때 찬바람이 쌩쌩 불었다. 12시에 만나기로 했는데 왜 11시로 잘못 알았을까. 먼 거리를 허탕 치며 돌아가다 넘어졌다며 은주가 노발대발했다. 칼바람이 불었다.

작년에 정말 친했는데. 이번 일 때문에 그전으로 돌아가지 않는다. 이 상태로 가면 외나무다리를 사이에 둔 원수가 될 것만 같다. 이때부터 은주는 나를 모른 척 했다. 평상시 은주가 하고 싶다는 게 있으면 거의 다 따랐는데. 그간의 정을 봐서라도 나를 받아주면 안 되는가. 원망이 잡초처럼 자라났다. 이때부터 우리 사이는 겨울 한복판을 걷기 시작했다.

우리 반은 금요일마다 담임 선생님께 편지 쓰는 시간을 가진다. 새 학기 선생님께서 애들에게 처음으로 답장을 써주셨다. 온몸이 귀가 되어 쫑긋. 내 이름도 불러 주실까. 날 부르는 줄 알고 손을 내밀 뻔했다. 짝 이름을 맨 마지막으로 부를 때. 은주도 답장을 받으니 선생님이 더 원망스럽다. 학기 초 선생님은 내 성적이 상위권인 줄 알고 엄청 친절하게 대하셨다. 시험을 치르고 난 뒤로 날 향한 선생님 얼굴은 돌부처가 됐다. 그래도 육십여 명 가운데 성적은 중간 이상이었는데.

금요일이 다시 돌아왔다. 너무 괴로워서 선생님께 짝 좀 바꿔 달라는 편지를 썼다. 나를 허수아비 취급하는 은주 때문에. 선생님께서는 은주에게 점심시간에 교무실로 내려오라고 넌지시 말씀하셨다. 쿵쿵 알 수 없는 절구질 소리가 들려온다. 점심에 매점에 있는데 은주가 교실에서 엉엉 울고 있다고 친구가 전한다. 선생님께서 나를 찾으신다는 말과 함께. 외딴 섬이 되고 말았다. 예상치 않은 상황에.

무거운 돌이 되어 교무실로 향한다. 교무실 공기가 싸늘하다. 선생님께서 화해하라고 하신다. 자리를 바꿔줄 줄 알았냐고 하시면서. 둘이 화해해서 다음 날 아침에 교무실로 같이 오라고. 그렇게 하지 않으면 조회 시간에 나와 은주를 일으켜 세워 공식적으로 화해시키겠다고. 명령과도 같은 일방적인 말씀이다. 이해받지 못하니 벌거벗은 나무가 되었다. 마음이 녹아내리는 건 강제로 할 수 있는 일이 아닌데. 선생님께 쓴 편지를 불로 활활 태우고 싶다.

얼마 전 일이다. 선생님께서는 단단히 화가 나셨다. 반 전체 성적이 꽤 안 좋았는지. 우리 반이 뭘 고쳤으면 좋겠냐는 질문을 하셨다. 매서운 호랑이 얼굴로. 반 전체 아이가 고개를 숙인 채 얼음이 되었다. 선생님께 우리가 고쳐야 할 점을 편지로 써 내려갔다. 다음 날 일어날 폭풍은 예상치 못한 채. 조회 시간에 선생님께서는 7반 담임을 그만둬야겠다며 어깨를 들썩이셨다. 아이들이 쓴 몇 장의 편지를 읽어가기 시작하셨다. 선생님을 욕하는 글이다. 편지를 쓴 사람은 일어나라고 하자 일곱 명이 일어났다. 항상 뒷자리에 앉아서 시끄럽게 하는 애들. 담배를 피우는 애들이다.

 이제는 다 끝났다는 표정으로 선생님께서 교실을 나가셨다. 반장, 부반장이 선생님을 붙잡았지만 소용없다. 이미 선생님의 마음은 강을 건넜다. 우리는 하늘이 떠나갈 듯 엉엉 울었다. 앞자리 애들과 뒷자리 애들이 싸웠다. 다른 반 선생님이 오셔서 빨리 극장으로 가라고 독촉하셨다. 다음 날 아침 담임 선생님은 교실에 들어오지 않으셨다. 담임이 바뀐다는 소식도 들렸다. 선생님의 마음을 아프게 한 애들은 정학이라는 소리까지 들려왔다.

 며칠 지나자 선생님께서는 화가 좀 풀어지신 듯했다. 목소리가 훨씬 부드러워지셨다. 금요일마다 편지 쓰는 것은 지금까지 해오던 대로 한다며 웃으셨다. 선생님께서 갑자기 자리를 바꾸자고 하셨다. 편지 사건은 자리에도 문제가 있었기 때문에. 그러나 뜻밖에 번호대로 앉히시는 게 아닌가. 이렇게 해서 나는 은주와 짝이 되었다.

 은주는 지금 어디에서 그 누군가의 엄마로 살고 있을까. 애잔한 열다섯의 기억이 눈발이 되어 펑펑 흩날린다.

2023. 12. 15.

마음의 시루에 자라는 물음표

낮잠을 자다가 눈을 뜬다. 커다란 천장이 네 살짜리 아이를 위협한다. 지붕은 곧 가슴 위로 쏟아져 내릴 것 같다. 공포감에 자지러지게 운다. 얼마나 그랬는지 모른다. 엄마는 언제쯤 달려오실까. 영겁처럼 느껴지는 찰나의 시간. 외로움은 여기에서 움텄을까.

장대비가 쏟아진다. 비바람이 방문을 부술 듯이 몰아친다. 우르르 쾅쾅. 번쩍번쩍. 천둥 번개가 문밖에서 칼춤을 추며 기세가 등등하다. 거인이 나타나 삼켜버릴 것만 같다. 누구라도 뛰어 들어와서 품에 안고 괜찮다고 안심시켜주길 바랐는데. 목 놓아 울다 지친다. 두려움에 입술이 새파랗게 질린다.

어둑해질 무렵 일 나가셨다가 돌아오신 엄마. 온 동네를 쑥대밭처럼 들쑤시지만 아들을 못 찾고 허탕 치신다. 동네를 벗어난 전자오락실에서 그날의 경기를 끝내고 돌아온 오빠. 오빠를 발가벗겨서 대문 밖으로 쫓아내시는 엄마. 엄마는 분노의 찬물을 대문 밑으로 마구 퍼부으신다. "잘못했어요." 온몸을 동동대며 아우성치는 소리는 장대비 속으로 파묻힌다. 가족의 얼굴을 볼 수 있어 안도하는 것도 잠시. 왜 이렇게 암울할까. 천둥 번개는 왜 오빠에게 떨어진 걸까.

등교할 시간. 집을 이미 나섰는데 뒤늦게 준비물을 빠뜨린 게 생각난다. 지각하면 안 되는데. 학교를 떠올리면 항상 창백한 마음뿐이다. 헉헉대며 집을 향해 부리나케 뛴다. 선생님께 혼날 생각하니 바람결에 눈물방울 흩날린다. 늘 막다른 골목길에서 어디로 가야 할지 몰라 앞이 깜깜한 기분. 반갑지 않은 냉랭한 감정이 시계추처럼 흔들린다. 엄마가 수술해서 병원에 계시니 혼자 잘 챙겼어야지.

며칠 지나서 아빠의 손을 잡고 병원에 간다. 수술하고 나서 통증에 축축한 엄마의 모습. 병실 안 차가운 공기에 떠밀려 아빠의 손에서 떨어지지 않는다. 세상은 얼마나 큰 걸까. 모르는 게 얼마나 있지? 알아야 할 건 얼마만큼일까. 두려움이 바람의 날개를 타고 어지러이 날아다닌다.

기침하는데 목에서 피가 난다. 편도선염으로 고생이 심하다. 그런데 의료보험이 없다. 엄마는 아이를 병원에 입원시킨다. 친척인 고등학교 1학년 은경 언니의 이름을 빌려서. 중학교 1학년이 졸지에 고등학교 1학년으로 둔갑한다. 간호사가 은경이를 안쓰러운 시선으로 바라본다. 나이에 비해 너무 마른 탓에. 엄마는 들통나지 않도록 아이에게 은경이의 신상정보를 단단히 이른다. 편도선을 떼어내고 나서 먹먹한 목을 달래고자 떠먹는 아이스크림. 달달함과 통증 사이에서 하루를 저울질한다.

열다섯 중학교 수업 시간. 선생님께서 수필가 전혜림에 대한 얘기를 해주신다. 수필가. 처음 듣는 단어가 여린 풀잎을 적신다. 책을 좋아해서였을까. 작가. 가슴에 별 하나가 오롯이 뜬다. 유명한 작가의 삶에 들이닥친 폭우. 사연을 들으니 심장이 긁히는 것 같다. 인생의 허무함이 파도처럼 밀려온다. 얼마나 힘들 때 삶을 포기하는 걸까.

때로 친구와 책을 바꿔보기도 한다. 『제인에어』를 건네받는다. 책이 너무 두꺼워서 오전이 지나도록 시간을 들였는데, 겨우 절반 밖에 못 읽었다. 글을 읽다 보면 글이 자신을 읽는다는 걸 아이는 알았을까. 책 한 권이 솥 밥처럼 구수하다. 오독오독 씹으며 입안으로 양식을 감춘다. 헛헛한 마음이 채워진다.

아무것도 잘하는 게 없어 자신감은 그림자처럼 야위어 간다. 친구들 손가락에 새겨진 지문이 부럽다. 자신에게는 없는 특별한 지문. 셈 잘하고, 말 잘하고, 이해 잘 하는 지문. 쾌활하고, 씩씩하고, 친구도 잘 사귀는 지문. 바로 사랑받을 수 있는 지문. 아무것도 갖추지 못한 자신의 존재가 부끄러워서 떤다. 바람에 흔들리는 이파리처럼.

수학은 존재를 더욱 보잘것없게 만든다. 수학 선생님께서 여름방학 과제물을 내주셨다. 너무 어려워 새벽 2시까지 전과를 베낀다. 뚜벅뚜벅 매의 눈길과 함께 발걸음을 옮기시는 선생님. 제발 자신 앞에서 발자국 소리가 멈추지 않길 간절히 바라는데. "너, 이거 전과 보고 베꼈지?" 수학을 못 하는 죄인. 고개도 못 들고 맥없이 거짓말한다.

다시 한번 다그치시는 선생님 앞에서 끄덕끄덕 시인하고 만다. 껌뻑껌뻑 맛이 간 전등처럼. 나만 답안지를 베낀 걸까. 삶은 수학처럼 어려운 걸까. 인생의 미로를 헤맨다. 1g의 희망이라도 찾으려고.

  반 애들 앞에서 수치심을 느낀 날. 일기장을 펼쳐서 긁적거린다. 그리고 자신에 대해 이렇게 쓴다. 나는 열다섯 살. B형. 1971년 6월생. 그리 예쁘지는 않고 삐쩍 마른 아이. 커서 어떻게 될지 모르겠지만 되고 싶은 게 있다면 소설가가 되고 싶다고. 나는 무엇인가. 나는 왜 태어났나. 나는 어떻게 살아갈 것인가. 나는 왜 존재하나.

  쓸쓸함에 저 홀로 생각의 공을 주고받는다.

2024. 3. 14.

한여름 날의 추억

버스를 세 번 갈아탔다.

태양이 지글지글 타는 무더운 여름. 경기도 광주읍 오포면에 있는 남북애육원 입구. 이곳이 조금씩 좋아지고 있다. 전반적으로 지저분해 보여서 첨엔 맘에 안 들었다. 점심으로 맛없는 물 국수가 나왔는데 저녁밥은 꿀맛이다. 여기에서 많은 은혜를 얻고 가면 좋겠다. 첫째 날은 어영부영 지나갔다.

아침 6시에 기상. 얼굴 곳곳에 지도가 그려져 있다. 여자아이 모두. 남자들이 새벽에 와서 칠해 놓고 간 모양이다. 이 지경이 되는 줄도 모르고 쿨쿨 잠만 잤다니. 짓궂은 남자들에게 오늘 밤은 도화지를 내주지 않으리라. 어린 새들은 천적의 뒤통수를 바라보며 분통해 한다. 세수하고서 모두 모여 8시 반까지 예배드렸다.

미니 올림픽, 조별모임, 카니발, 기도회, 선생님과 상담하는 시간이 마련되어 있다. 카니발 시간에 연극도 하고 노래도 부른다. 한 오빠가 나에게 귀신으로 분장하라고 시킨다. 얼떨결에 떠밀려서 나 홀로 하는 귀신 역할. 얼굴이 안 보이게 머리카락을 앞으로 길게 늘어뜨린다. 여자애들이 꽥 소릴 지른다. 형광등을 끄고 손전등을 비췄더니 오빠가 사진을 찍어준다. 집에 간직하고 있는 사진이 몇 장 없는데 잘 됐다는 생각도 든다.

조별로 나누어 기도하는 시간. 한 사람씩 돌아가면서 기도를 시킨다. 매일 기도를 안 해서인지 떨린다. 집에 돌아가면 기도연습을 많이 해야지. 12시 넘어서 잠자는 게 불만이지만, 이 모든 것이 추억으로 남겠지. 이로써 하루일과가 끝났다.

조별로 모여 토의하는 시간. 선생님께서 '정경하'에 대해 얘기해주신다. 얼마 전에 신문 기사가 나서 떠들썩했던 사건이라며. 애인과 셋방에 살던 정경하는 애인이 도망치자 실의에 빠졌다고. 두 달 치 방세 14만원이 밀린 연고로 칼을 사서 처음 만나는 사람을 죽이기로 했다고. 그 대상은 운이 좋게 않게 포장마차 장사로 남편과 자식을 먹여 살리는 장 씨였는데, 장 씨를 죽이고 자신도 자살했다고. 어릴 적 그를 둘러싼 가정환경에 대해 토의한다. 우리 삼개오 조가 제일 잘했다. 토의를 마치고 고마운 마음이 잔잔한 물결처럼 밀려온다. 우리가 이렇게 평화롭게 살고 있다는 사실에.

프로그램은 수영, 백일장, 특강, 천로역정까지. 천로역정은 밤에 정해진 코스를 지나가는 게임이다. 곳곳에 선배와 선생님이 귀신 분장하고 숨어계신다. 세 사람씩 짝지어 길을 걷는데 나무 뒤에서 귀신이 나타난다. 갑자기 물을 뿌리고 발이나 어깨를 잡으면 귀신의 집이 따로 없다. 새가슴이 되어 덜덜 떠니 오빠가 우리를 등 뒤에서 잡아준다. 코스가 다 끝났는데도 계속 안고 있는 것도 모른 채. 이 모습을 보고 손짓하며 웃는 소리가 나팔소리처럼 울려 퍼지는 순간 얼굴이 빨개지면서 오빠가 늑대처럼 보인다.

별빛 아래 캠프파이어를 하는 시간이 왔다. 오빠는 자꾸 옆에 와서 앉는다. 같이 걸어갔던 여자애한테는 안가면서. 앞에서 서성이다가 왜 옆으로 와서 자꾸 동그라미를 그리는 걸까. 경숙이와 나는 교회에 나간 지 얼마 안 되었기에 자꾸 관심을 받는다. 오빠가 묻는다. "나는 아까 기도할 때 잘 안 했는데, 교회 나온 지 얼마 안 된 경숙이와 은미는 기도 시간에 어땠니?" 우리 이름을 부르는 것도 어땠냐고 묻는 것도 기분 나쁘다. 머릿속을 박박 지운다. 철 수세미로 문지르는 듯. 오늘은 남자들이 다 능구렁이 같아 보인다. 수련회에 괜히 왔나 하는 생각에 뾰로통. 이렇게 또 하루가 지나갔다.

천로역정 할 때 함께 갔던 오빠가 자꾸 말을 시킨다. 으악! 닭살 돋는다. 어제 있었던 일이 마음속에서 둥둥 울린다. 북소리처럼. 자꾸 생각이 나서 얼굴을 찌푸린다. 혼자 방에 들어가 온갖 표정을 지으며. 평가회와 폐회 예배 시간에 한 사람씩 돌아가며 수련회에 대해 말한다. 선생님께서 애들 이름을 지목하시다가 나를 부르신다. 한 글자, 한 글자 주섬주섬 읊는다. "모르던 사람 알아서 좋았고요, 또 성경 말씀도 좋았어요." 내 말에 우리 반 선생님께서 승리의 브이를 날리신다. 자신의 그늘 밑에서 배웠다고 하시면서.

집에 갈 때까지 어제 겪은 기분 나쁜 일만 생각한다. 또 차에서까지 오빠는 내 근처에서 빙빙 도는 것 같다. 어휴!

이번 주 교회에 나가지 않겠다는 핑계를 어떻게 대야 할까.

2024. 3. 26.

그해 덕선이

하굣길 120원을 내고 타는 버스. 버스에서 내려 이십 여분 오르막 길을 지나야 집이 나온다. 길음동 산꼭대기에 있는 집이. 대문을 열고 들어서면 마당이 있고 한쪽에 재래식 화장실이 있다. 어두컴컴한 화장실 안쪽에는 겨우내 쓸 연탄이 켜켜이 쌓여있다. 마당을 중심으로 서너 가정이 산다. 아파트는 저 멀리 강남에나 있을 법. 아는 사람이라곤 모두 주택에 산다. 낮은 곳에 사는 이와 꼭대기에 사는 이, 두 종류의 사람만 있을 뿐. 인간을 나누는 그 이상의 그 이하의 구분도 없다.

큰 방 하나를 둘로 나눴다. 이 가운데 작은 방에서 아빠는 연신 재봉틀을 밟으셨다. 구두 밑창을 제외한 발등 부분을 가죽으로 오려서 모양내는 일을 하셨다. 재봉틀은 끊임없이 돌아간다. 아침에 눈 뜨는 순간부터 덕선이가 잠이 든 다음까지도. 본드를 가죽에 바르는 건 항상 있는 일. 본드 옆에 있다 보니 덕선이는 지금도 냄새를 잘 맡지 못한다.

안방과 연결된 재래식 부엌. 연탄 위에 커다란 솥단지가 있고 허름한 찬장도 있다. 추운 아침 연탄불 위에 올려놓은 솥단지에서, 뜨거운 물을 꺼내어 찬물과 섞는다. 세숫대야를 앞에 두고 엉거주춤한 상태에서 감는 머리. 설거지도 쭈그려서 하는 건 매한가지. 헹굼은 당연히 찬물로 하니 손끝이 시렵다. 집안 사정이 조금씩 좋아지면서 석유곤로가 생겼다.

한겨울에는 연탄불이 꺼지지 않도록 여덟 시간마다 연탄을 갈아줘야 한다. 방 안에 있는 난로의 연탄을 갈아주던 날. 연탄집게로 연탄을 집는데 두 개가 들러붙어 있다. 총총걸음으로 들러붙은 연탄을 밖으로 옮기려는 사이. 밑에 있는 연탄이 장판 위로 떨어졌다. 덕선이와 오빠는 불이 나는 줄 알고 가슴을 쓸어내렸다.

여름엔 얼음이 담긴 아이스박스에 반찬을 보관했다. 박스 안에서 점점 물이 많아지면 얼음 가게에 가서 얼음을 샀다. 샤워도 부엌에서 했다. 샤워기도 없고 샤워할 때 쓰는 몸 세정제도 따로 없다. 수도꼭지에서 나오는 물과 세숫비누 하나면 충분했다. 미지근한 물도 없으니 오직 찬물로만 하는 샤워. 어느새 여름은 물러간다. 차디찬 물에 온몸이 깜짝깜짝 장단 맞추다 보면.

인구수만큼 쥐가 많았던 걸까. 부엌 한쪽에는 쥐덫도 있다. 쥐약을 먹은 쥐가 발견되면 쥐 잡는 엄마 목소리를 안방에서 숨어서 들었다.

바퀴벌레는 왜 이리 많은지. 밤에 화장실에 가려고 방문을 여는 순간. 바퀴벌레와 마주하는 덕선이. 둘 다 화들짝 놀라 가던 길을 멈춘다. 딸이 기절하는 소리에 한달음에 나오셔서 신발을 내리치며 벌레를 잡는 엄마. 군데군데 약을 놔도 소용이 없다.

드디어 덕선이에게 방이 생겼다. 네 평도 채 안 되는 작은 방이. 세 들어 살던 사람이 이사 간 것. 살림살이가 조금씩 나아지니, 방에 커다란 전축도 생겼다. 턴테이블에 까만색 LP판을 맞춰 끼우고 전축 바늘을 올린다. 커다란 헤드폰을 끼면 심장이 콩닥콩닥. 'you call it love' 가 울려 퍼지는 영화 속 여주인공 소피마르소가 된다.

마당에는 '도그'라는 이름의 개가 줄에 묶여 있다. 덕선이는 종종 도그와 함께 눈을 맞추며 놀았다. 어느 날, 학교에 다녀오니 도그가 사라졌다. 주인이 잡아먹다니. 이해할 수 없는 슬픔에 가슴이 무너졌다. 몸보신으로 키우던 개를 잡아먹는 건 흔했다. 워낙 먹을 것이 부족하던 때라. 하지만 매일 보는 친구를 잡아먹는 건 너무 무자비하잖아. 하루아침에 사라진 생명을 생각하며 한숨 쉬었다. 한동안 빈 마당을 바라보며 허망해했다.

한 주인에게서 셋방살이하는 가정은 거의 가족이나 다름없다. 부침개를 부쳐서 쟁반 채로 들고선 방으로 들어가 나눠 먹는다. 귀하디귀한 믹스 커피를 꺼내어 함께 마시는 건 최고의 대접. 아침에 안부 인사하려고 옆방에 들렀다가 죽을 목숨을 살려내기도 한다. 연탄가스에 중독된 이웃사촌에게 시원한 동치미 국물을 먹여가면서.

1988년 9월 17일, 올림픽 주경기장 입구. 화장한 염광 여상 덕선이들. 한복과 족두리 차림으로 친구들과 줄지어 섰다. 한복 입은 남학생을 골라잡고 기념사진도 찍는다. 북적북적, 올림픽 개막식이 시작한 것이다. 드디어 덕선이들이 입장하는 순간. 얼떨결에 개막식 참가 학교로 선정되어, 일 년 동안 준비한 한국무용 태평성대를 선보이는 날. 그동안 한 몸을 이뤘던 음악이 친근하게 울려 퍼지는 순간. 주인공이 되어 당당하게 입장한다. 밤을 새우며 고생하시던 덕선이 부모님은 주경기장에서 세계 최고의 공연을 맛보았다.

1988년, 흑백필름을 소환한다. 대한민국 덕선이는 응답하라.

2023. 8. 6.

우리들의 사진첩

일산 장례식장에 들어선다.

40여 년 전, 진희를 처음 만났다. 중학교 3학년 등굣길. 길음동 달동네 좁은 골목을 지나다가 맺어진 인연. 알고 보니 진희네 집은 우리 집 바로 앞에 있다. "은미야! 학교 가자." 진희는 아침 마다 불렀다. 대문 앞에서 우렁차게. 지금도 귓가에 쟁쟁하다. 엄마는 진희를 반기며 달걀 샌드위치를 건네주셨다. 샌드위치에 눈이 휘둥그래진 진희. 날 데리러 오는 게 신났단다.

"진희야! 벌레가 나타났어." 집에 아무도 없는 날. 벌레가 나를 잡아먹는 것도 아니 건만, 발을 동동 구르며 호들갑 떠는 나. 부르면 진희는 쏜살같이 뛰어왔다. 수화기를 내려놓자마자 빛의 속도로. 개

미도 못 죽이는 나. 아주 겁이 많은 나. 태생적으로 살생을 싫어하는 나. 나를 지켜주는 용감한 기사가 앞집에 살다니. 의기양양함과 동시에 기쁨이 피어올랐다. 뽀글대는 물방울처럼.

"40대, 50대에 우린 어떤 모습일까?" 어깨동무한 별빛 아래 담장에 턱을 괴고 말했다. 형체도 없는 미지의 세계. 우리 앞에 펼쳐질 미래는 물로 그리는 그림이었다. 희뿌연 안개 속을 헤매다가도 웃음이 소금 알처럼 톡톡 튀는 열여섯 소녀. 진희는 경기도 광주에서 포장 디자인 업체인 '공감팩'을 운영하는 대표가 되었다. 나는 삶을 글로 옮기는 수필가가 되었고. 구름 속에 감춰진 무지개를 따라 슬프고도 아련한 미소가 번진다. 삶과 죽음이 맞닿은 식탁 앞에서.

진희는 인문계에, 나는 상업계 고등학교에 진학했다. 딸이 공부해야 하는데 틈만 나면 어울리니, 진희 엄마는 나를 살갑게 대하지 않으셨다. 어느 날 농담 반, 진담 반으로 편지 좀 써주라 했는데, 정말 편지를 보내왔다. 그렇게 편지를 주고받은 지 한 달이 지났다. 진지한 내용으로 꽉 찬 편지. 사춘기 고뇌와 말괄량이 소녀의 장난기가 동전의 양면처럼 존재했다. 쓰는 재미, 받는 재미는 요즘 세상에서 얻을 수 없는 가장 아름다운 감정이 아닐까. 우푯값이 안 든다고 함박웃음 지은 게 엊그제 같다.

편지를 네 통째 받았을 무렵. 담임선생님께 혼난 날이었다. 눈물로 편지를 보냈는데 바로 전화가 왔다. 우체통을 얼른 확인해 보라고. 답장을 꺼내는 순간, 달빛 아래 펼쳐진 온 세상이 다 내 것이었다. 보약 같은 충만한 기쁨에 사로잡히는 순간. 편지는 일용할 양식이었다.

서로 얼굴을 맞대면 글에 대해서 절대 얘기하지 않았다. 낯부끄러웠을 테니까. 얼굴 맞대면 꺼내지 못할 고민거리를 종잇장에 긁적거렸다. 편지가 조금씩 쌓일 걸 생각하며 설레던 하루, 하루. 문장력도 참 좋은 진희는 손 글씨도 수준급이었다. 흉내 내어 쓰다 보니, 온통 진희 글씨체로 공책을 도배했다.

방학 때는 아침마다 전화기를 붙잡고 통화했다. 이것도 모자라 라면을 끓여주겠노라고 하면 쌩 날아갔다. 이십 미터도 채 안 되는 앞집으로. 그러면 이제야 일어나서 자신은 방을 청소할 테니 내게 설거지 좀 하라고 시키는 게 아닌가. 라면 먹자고 해놓고 설거지를 시키다니. 속으로 구시렁대면서 집에서도 하기 싫어하는 그릇을 씻었다. 손이 느리다는 구박까지 받으면서.

라면을 끓여주는 방식은 이랬다. 물이 끓으면 스프를 먼저 넣는다. 면을 넣자마자 계란을 통째로 넣는다. 어느새 달걀이 삶아진다. 김치 하나를 사이에 놓고 차린 한 끼 식탁. 어떤 위대한 밥상도 부럽지 않았다. 젓가락질하다가 전축에 엘피판을 꽂으면 이승철의 '희야'가 흘러나왔다.

"희야! 날 좀 바라봐. 너는 나를 좋아했잖아."

전축에서 음향이 빵빵하게 울려 퍼지는 순간. 사춘기 감성으로 촉촉해진 마음은 두둥실 날아갔다. 이야기꽃을 피우며 상상 속으로. 진희 엄마가 돌아오실 때까지 수다는 이어졌다. 터벅터벅 지친 몸으로 대문을 열고 들어오시는 엄마. 파김치가 되신 모습에 눈치를 보다가 나오곤 했다. 살그머니.

중학교 시절 함께 했던 추억 사이사이. 엄마가 등장하는 장면마다 진희의 눈가가 붉어진다. 엄마는 요양원에 계신 6개월 동안 가족에게 늘 고맙다고 하셨다고. 그렇게 아프시면서 고맙다고 하시면 진희는 가슴이 무너졌다고. 연명치료 한다고 코에 호스 연결했을 때, 고통스러워하신 모습을 떠올리다가 축축해지는 눈. 이게 과연 엄마를 위한 일일까. 연명 치료하면 일어나 앉으시겠지. 일어나 앉으시면 곧 우리와 함께할 수 있겠지. 함께 하는 시간이 생기면 같이 걸을 수 있겠지. 함께 밥 먹을 수 있겠지. 자꾸 이기적인 희망이 생겼다고.

내가 결혼한 다음 진희가 우리 집에 놀러간다고 했을 때, 엄마한테 많이 혼났다고 한다. 네가 은미랑 비교해서 뭐가 모자라서 결혼을 못 하냐. 결혼한 친구 집에 뭐 하러 가냐. 자존심도 없냐.

그새 어두컴컴해진 밤. 멀리서 듬성듬성 불빛이 보인다.

2024. 4. 17.

목련꽃 피는 봄날에

수줍은 목련꽃 몽우리를 보니 열여섯 청춘이 떠오른다.

앞 집 사는 진희와 나는 담임 선생님이신 이승규 선생님을 좋아했다. 사춘기 이팔청춘이 스물일곱 총각 선생님을 짝사랑하는 건, 딱히 이상한 일도 아닐 게다. 우리 둘이 선생님을 좋아하는 비밀이 반 전체에 소문났다. 칠판에 어떤 아이가 압정 핀으로 글씨를 새겨놨기에.
"진희와 은미는 이승규 선생님을 좋아한대요."

선생님을 좋아하는 것은 같았지만, 꽤 활발한 성격으로 의사를 잘 표현하는 진희. 말도 별로 없고 소극적인 나는 진희가 부러웠다. 담임 선생님은 영어를 가르치신다. 영어공부를 더 열심히 하고 싶은 마음으로 가득 찼다. 선생님께 조금이라도 잘 보이고 싶었으므로.

소풍이라도 가면 무슨 옷을 입고 갈지 진희와 속닥거렸다. 솜사탕 같은 달콤한 대화를. 가을 소풍이 떠오른다. 자유시간의 끄트머리에서 선생님께 함께 사진을 찍자고 청했다. 선생님은 잔디가 있는 낮은 언덕으로 펄쩍 뛰어오르셨다. 길에서 가슴 높이 정도 되는 곳으로.

운동신경이 좋은 진희도 쉽게 올라갔지만 나는 몇 초 동안 바라만 보았다. 선생님은 턱이 낮은 곳으로 몇 걸음 가시더니 손을 내미셨다. "이은미! 이리로 와."라고 하시면서. 얼씨구나! 좋아서 나는 선생님 손을 덥석 잡고 올라섰다. 주변에서 못 본 척하며 서 있던 반 아이들은 흉내 내기 시작했다. "네가 은미해. 내가 선생님 할 게." 선생님께서 바라보고서는 피식 웃으셨다.

한 번은 선생님이 숙직인 것을 눈치채고 우리는 저녁에 학교로 향했다. 오르막길에서 재잘재잘 웃음꽃을 피우면서. 참, 간도 크다. 교무실 문을 열자 선생님은 놀라셨다. 다른 선생님이 계시면 어쩌나 하는 걱정도 잠시. 달빛 품은 바다가 춤을 추듯 기쁨으로 일렁였다. 선생님은 웬일이냐고 하셨다. 대답하는 것은 내 몫. "교실에 놓고 온 국사책을 찾으러 왔어요." 곧 손전등을 든 선생님을 따라 캄캄한 3층 복도를 지났다. 집에 얌전히 있는 책을 교실 책상 서랍에서 찾는 척하다니. 나는 손으로 더듬거리다가 "책이 없어요." 얼버무리고 나왔다.

선생님은 온 김에 라면 좀 사다 달라고 심부름을 시키셨다. 우리는 수다스런 참새마냥 노래 부르며 라면을 사 들고 다시 선생님께로 향했다. 거짓말이 들통나지 않은 것을 기뻐하면서. 선생님은 더 얘기하다 가라고 하시며, 40분이나 우리를 붙잡으셨다. 아마 선생님도 혼자였기에 적적하셨으리라.

주로 진희가 선생님과 얘기하고 나는 간간이 대답만 했다. 황금 같은 시간을 보내고 학교를 빠져나오다가 다시 선생님께 되돌아갔다. 무서워서 못 가겠다는 핑계를 둘러대면서. 선생님은 우리를 문구점까지 데려다주셨다. 라면도 사다 드렸으면서 무섭다니. 아마도 선생님은 우리 마음을 다 알고 계셨을 테다.

졸업식이 다가왔다. 선생님께 드릴 선물로 열쇠고리와 선생님과 함께 찍은 사진을 준비했다. 교실은 자녀의 졸업식을 보려고 들어선 학부모로 북적댔다. 복도 끝에서도 들리는 우리 반 아이들의 시끌벅적한 소리에 선생님은 약간 화를 내셨다. 스승의 노래를 부르는 시간. 일 년 내내 정성 들인 꽃들 앞에서 선생님은 이슬을 머금으셨다. 분위기는 고요해졌다.

선생님과 마지막으로 사진을 찍으려는데 좀처럼 우리 차례가 오지 않았다. 정원이 66명. 선생도 무척 정신이 없었을 테다. 진희는 기다리다가 지쳐서 꽃다발을 내던지고 교실 밖으로 뛰쳐나갔다. 나는 너무 놀라 정신없이 선생님께 선물을 드리고 허둥지둥 진희를 쫓아갔다.

쉰두 살, 봄의 문턱에서 중학교 졸업앨범을 펼친다. 여기 선생님 양옆에 앉아 자리를 차지한 두 소녀가 있다. 어여쁜 치마와 블라우스로 잔뜩 멋을 부린 두 소녀가 비장한 모습으로 선생님을 지키며 섰다. 마치 우의정, 좌의정처럼. 아무도 우리 자리를 넘보지 않았다는 생각에 웃음이 터져 나온다. 서울시 강북구 정릉 꼭대기에 있던 은주중학교. 이승규 선생님이 계셔서 설렜던 시간이다.

   미소 짓는 추억 하나로 행복한 봄. '고귀함'이라는 목련 꽃말에 어울리는 열여섯의 봄. 짧아서 더 귀한 봄. 목련꽃 필 무렵.

"봄 햇살에 간지럼 타/ 웃음보가 터진 듯/ 피어나는 목련꽃 앞에/ 그대가 서면/ 금방이라도 얼굴이/ 더 밝아질 것만 같습니다"

  – (용혜원「목련꽃 피는 봄날에」가운데 일부)

2022. 3. 25.

우물물의 노래

 뜬금없이 태화가 집으로 전화했다. 중학교 3학년 12월의 어느 날. 친한 친구도 아니고 몇 마디 얘기도 해보지 않은 우리 반 아이. 한 달 동안 짝꿍으로 지냈다는 것 밖에 공통분모가 없다. 짝이라 해도 굉장히 내성적인 나였기에 대화를 나눠본 기억이 거의 나지 않는다. 태화는 굉장히 활발한 친구였고 반 아이들과 무리 지어 다녔다.
 내게 집 주소를 물어봤다. 크리스마스카드를 만들어서 보내겠다며. 예상치 못한 기쁨으로 놀랍기도 하고 웃음이 터져 나오기도 했다. 카드를 기다리는 내내 몽글몽글 맺힌 꽃봉우리로 인해 간질거렸다. 기다림은 이렇게 두근거리며 날아오는 것인가. 수많은 아이 가운데 왜 내 생각이 났을까. 아무리 생각해도 신비한 일이다.
 태화는 인문계 고등학교에 나는 상업계 고등학교에 진학했다. 한 달에 한 번 정도 만나서 이야기꽃을 피웠다. 이것으로도 만족하지 못해 수시로 편지를 주고받았다. 날마다 두레박을 길어 내리듯 우체통을 확인했다. 편지를 발견하면 후다닥 방으로 뛰어 들어갔다. 풀칠한 편지봉투를 급하게 찢고서는, 두세 장 빼곡히 쓰인 글을 숨 쉬지 않고 읽어 내렸다.

편지에는 특별하지 않은 소소한 일상을 전하는 가운데, 함박웃음이 가득 피어났다. 으악! 화장실에 앉아있는데 커다란 바퀴벌레가 나타났어. 너 소개팅 나간 거는 어떻게 됐니? 으, 남자애가 갈색 기지바지를 입고 나왔는데, 옷 입는 스타일이 맘에 너무 안 들었어. 고등학교가 적응하기 힘들어. 중학교 친구 같지 않아. 단숨에 편지를 읽어 내리고선 우물물을 길어 올려 풍성한 식탁을 차렸다.

둘 다 고등학교를 졸업하고 취직했다. 이십대 시절에도 끊임없이 편지를 주고받으며 대화를 이었다. 엄마랑 나는 너무 안 맞아. 잔소리가 심하셔. 엄마가 중매 보래. 이 회사를 언제까지 다녀야 할까. 상사가 말도 안 되는 소리해. 우리의 미래는 어떨까. 결혼을 빨리하고 싶어 하는 내게 태화는 이렇게 말했다. "너는 남자 생기면, 나 버리고 떠나갈 년이야."

이 말을 하늘이 들었을까. 어느덧 내게 남자친구가 생겼고 스물여섯에 결혼하여 전주로 내려왔다. 태화는 끊임없이 내게 편지를 보내왔다. 내가 입덧을 하고 첫째와 둘째를 낳고 기진맥진하는 가운데. 태화는 친구가 그리웠던 것이다. 소쩍새의 노래를 오랫동안 간직하기엔 내 삶은 지쳐있었다. 답장이라는 낱말은 내게서 멀어져갔다. 태화는 어김없이 연말마다 직접 만든 카드에 성탄 축하 소식을 전했다. 남편과 아기의 안부를 물으며.

태화는 자신이 의지하는 친구, 전도사님과 좋아하는 사람을 모두 하늘나라로 떠나보냈다고 했다. 절친한 친구도 모두 결혼해서 지방으로 이사했다고. 삶의 권태를 느낀 친구는 나와 주고받은 편지를 모두 없애버렸다고 했다. 세월 속에서 깊은 우물을 마주하며 얼마나 눈물을 흘렸을까.

쉰이 된 어느 날. 십 대, 이십 대, 삼십 대, 사십 대 초반까지 받은 편지를 열어보고 깨달았다. 이것은 깊은 우물에 담긴 영혼의 노래였음을. 아! 내가 너무했구나. 이제 내 소식을 전해봐야겠구나. 열여섯 이팔청춘으로 돌아가 종이 한 장을 꺼냈다. 캘리그라피로 시 한 구절 쓰고 수채 물감으로 살짝 멋을 냈다. 세상에서 하나밖에 없는 편지지가 탄생했다. 열 통의 편지를 보냈던 기억이 떠오른다.

너 어떻게 그렇게 나에게 편지를 계속 썼니. 끊임없이 보내오는 편지를 읽을 때, 육아에 지쳐서 답장도 못 했는데. 너 정말 대단하다. 감동이야. 이제 내가 네게 편지를 보낼게. 여태껏 직장 생활하며 고단한 네게 내가 힘이 되어줄게. 독신이며 삶의 전선에서 열심히 일하는 친구가 대견했다. 사춘기 감성으로 돌아가 내 생각과 감정을 시시콜콜 적었다. 태화가 나를 불렀듯 편지봉투 위에 태화의 이름을 장식했다. 장미꽃을 닮은 태화, 강한 여자 태화, 지혜로운 태화. 세상에 하나뿐인 태화, 나의 노래 태화. 편지를 받은 친구의 목소리에 기쁨의 물결이 일렁거렸다.

작년에 너무 아파서 두어 번 전화를 받지 못한 적이 있다. 통화했다가 고통에 대한 원망으로 가득 찬 말을 내뱉을까봐. 대신 문자를 보냈다. "내가 지금 너무 아파서 전화를 못 받아. 날 위해서 기도 부탁해." 절벽 끝에서 기도를 부탁할 수 있고, 나를 위해 기도하는 친구가 있음에 감사했다.

며칠 전, 태화가 허리를 다쳤다는 소식을 들었다. 태화는 몇 년 전에 허리를 시술했다. 늦은 밤임에도 손전화기를 들었다. 직장에서 일하다가 허리가 무너지는 느낌에 주저앉았다고. 아무래도 쉬어야 할 것 같아서 두 달 동안 휴직하기로 했다고. 다급할 때만 했던 걷기 운동과 스트레칭을 빠뜨리지 않고 해야겠다고. 그동안 다하지 못한 둘의 이야기는 한 시간 반가량 이어졌다.

우물물에 달빛이 일렁인다.

2023. 7. 11.

덩그러니

 무거운 짐을 지고 힘겨워 아까시나무에 기대어 앉는다. 아픔의 보따리를 덩그러니 꽃향기에 묻혀 날리고 싶어서. 그러나 나무는 가시 한 조각 쑥 내밀더니 손등을 찌른다. 아까시나무가 주는 예방주사일까. 정신을 번쩍 차린다.
 요 며칠 입에서 무슨 말이 나올까 조마조마했다. 아마도 마음은 경고음을 듣고 있었나 보다. 깔때기에 걸러지지 않은 말. 내뱉으면 시원할 줄 알았다. 어쩌면 내면 깊은 곳에서는 정답을 알고 있었을 게다. 용서해야 하고 더 넓은 마음 품어야 한다는 진리를 외면하고 싶었을 테지. 왜 매번 나만 고개 숙여야 하는 거야. 돛대 없는 배 마냥 이리저리 흔들리며 온갖 교만이 꽃 피운다.
 휴대폰이 한 번씩 먹통이 되는 날이 있다. 긴급전화만 할 수 있다니. 다급하게 연락할 일이 있을 때 참 막막하다. 전화기는 버젓이 켜져 있는데 상대방이 전화하면 전원이 꺼져있단다. 발신도 수신도 안 돼 제 일을 제대로 못 하는 전화기. 하지만 오늘 같은 날은 전화가 먹통인 것이 오히려 다행이다. 전화기를 책상 위에 올려놓았다. 덩그러니.

젊을 때는 답답하거나 억울한 일이 생기면 친구에게 전화했다. 한 시간 넘게 하소연하면 속이 후련했다. 긴 얘기를 말없이 들어주는 친구 덕분에. 나이 들은 증거일까. 말을 늘어놓다 보면, 입이 구정물로 가득 차는 듯하다. 전화기를 들다가 다시 내려놓는다. 일기 쓴 게 영향을 끼친 것일까.

중학교 2학년 때 쓴 일기다. 귀가 솔깃해졌다. 국어 시간에 선생님께서 일기에 관해 얘기를 꺼내신 것. 일기 쓰는 사람은 손들어 보라고 했지만 손을 안 들었다. 국어 책에 『안네의 일기』가 나왔던 모양이다. 안네가 쓴 글을 보며, 어쩔 때는 빼먹고 생각날 때만 일기를 쓰는 자신이 너무 초라해 보였나 보다. 일기를 안 쓰더라도 문장력도 뛰어나고 말을 잘하는 사람도 많다고 생각했다. 일기를 쓰는데 발전이 없는 모습에 자책했다.

글에 반성이 안 들어가고 쓰고 싶을 때만 쓰는 게 원인이라고 생각했다. 하루도 안 빠뜨리고 일기를 써야겠다고 다짐, 또 다짐하던 나. 반성이 안 들어갔다고 자책했지만, 일기를 향한 사랑이 푸릇푸릇하다. 새싹처럼. 삐뚤빼뚤한 글씨 속에서 미소가 지어진다. 강아지풀에 간질거리듯. 자물쇠가 달린 일기장. 그 속에 감성 넘치는 문학소녀.

열여섯 살의 체취가 그대로 전해져 온다.

　이 무렵, 아버지는 늘 술을 드시고 집에 오셨다. 술을 안 드신 날이 있으면 안도의 한숨을 내쉬었다. 평상시 조용하신 아버지는 술을 마시면 트집을 많이 잡으셨다. 자정이 다되어서 엄마는 국수를 끓이다가, 아버지의 변덕에 김치찌개를 끓이곤 했다. 그러다가 언성이 높아지면 울고 싶었다. 죽어라 일했는데 월급을 못 받으니 생기는 일. 그 날도 이불 속에서 덜덜 떨었다. 놀라서 부엌으로 나왔을 때 눈앞에 보인 풍경. 한 쪽 시멘트 벽면에 붉은 핏자국이 있다. 엄마가 벽에 머리를 몇 번이나 부딪쳐서 생긴 핏자국이. 그날의 기억은 낡은 못이 되어 마음 깊은 곳에 박혔다.

　어떤 날은 학교에 다녀와 대문을 열면 쿵짝쿵짝 음악이 나를 맞이했다. 아니나 다를까. 안방 문을 여니 아랫집 아주머니가 와 있다. 아버지는 춤을 좋아하셨다. 24시간 가운데 수면 시간을 빼고 거의 모든 시간 일하시는 아버지. 스트레스를 춤으로 해결하셨다. 같은 동네에 사는 아랫집 언니라고 부르는 아주머니가 엄마를 대신했다. 엄마는 춤을 못 추시니.

　캬바레 음악이 전축에서 흘러나오면 엄마는 앉아서 박수하며 바라보셨다. 아버지가 흥이 나면 엄마는 덩달아 크게 웃으셨다. 아주머니의 어깨와 허리를 만지며 이리저리 몸을 돌리는 모습. "슬로우 슬로우 퀵퀵, 슬로우 슬로우 퀵퀵." 한참 예민한 사춘기 소녀는 가방만 던져놓고 집을 나왔다. 눈앞에 펼쳐지는 장면을 외면하고 싶어서.

　무의식 속에 담고 있던 조각이 현재 내 모습과 무관하지 않음을 발견한다. 어른이 되어서 술 앞에서 막대기가 되고 춤 앞에서 몸이 뻣뻣해진 나. 지금의 나를 있게 한 어린 시절의 소녀. 빛바랜 종이 속에 펼쳐진 소녀를 안아주고 싶다. 홀로인 밤, 덩그러니 세상 속에 내던져져 고독을 노래할 때, 혼자가 아니었구나. 삼십 오 년 넘게 나와 함께 한 친구를 더듬어 볼 수 있는 일기장. 보물 상자를 들여다보니, 몽글몽글 지난날 삶의 애환이 피어오른다.

오늘도 일기장에 답답하고 속상한 일 늘어놓는다. 한없이 자책할 때, 지쳐서 쓰러졌을 때, 앞이 캄캄해서 울고 싶을 때. "네 잘못이 아니야. 다시 시작하자. 길이 있어." 친구는 나를 일으켜 세운다. 이런 과정이 헛된 시간이 아니었음을, 지금의 나를 빚었음을 새삼 깨달으며 일기장을 덮는다.

까만 하늘에 달이 떴다. 덩그러니.

2023. 5. 1.

바람이 솔솔

흩날리는 민들레 홀씨를 따라 문득 고등학교 시절이 떠오른다.

봄 소풍 가기 며칠 전. 담임 선생님께서 임원을 부르셨다. 교실 앞, 한가운데 있는 선생님 탁자를 중심으로 한 줄로 섰다. 선생님께서 차례차례 물으신다. 어떤 음식을 준비해 올 거냐고. 우리 학년 선생님들이 점심에 드실 음식을 물어보시는 것. 아무리 떠올려도 집에서 가져갈 것은 없는데. 쿵쾅쿵쾅 가슴이 떨려왔다. 괜히 부반장을 했나. 후회가 밀려온다. 내 차례다. "은미! 너는 뭐 가져올래?"

순간 한 장면이 떠오른다. 매일 새벽마다 정릉 산꼭대기에 가셔서 약숫물을 떠오시는 아빠 모습이. 상황이 다급하니, 선생님께 약숫물을 얼려가겠노라고 말했다. 웽웽거리는 모기 날갯짓 같은 작은 목소리로. 빈손으로 가는 상황을 면했지만, 다른 아이들이 그럴싸한 음식 이름을 대는 게 부러웠다. 서 있던 자리에서 도망치고 싶었다. 내 존재가 슬프기만 했다.

아이들이 설레며 기다리던 소풍날. 시원한 물을 마시겠다는 담임 선생님의 말씀을 위로 삼았다. 기차를 탔다. 선생님께서 무거운 물통을 나에게서 받아 선반 위로 올려 주신다. 내 기억에 한 7리터 정도 되는 꽤 큰 통이다. 어느 정도 시간이 지났을까. 여리고 여린 마음에 선생님의 목소리가 가슴에 와서 별처럼 박혔다. "어! 물이 떨어지네." 선반 위에 올려놓은 약숫물이 녹으면서 물이 뚝뚝. 내 마음의 창에도 빗물이 뚝뚝. 기차 밖 풍경을 바라봐도 좋은 줄 몰랐다. 그 무렵 나는 그저 이슬이 맺히고 가시를 품은 장미꽃이었다. 사계절 내내 눈물과 친구 삼았다.

마르지 않는 눈물이 감정에게 마법을 부렸을까. 주어지는 분위기에 충만히 빠져버리기 일쑤. 주말 늦은 밤에 텔레비전에서 상영하는 '주말의 명화'가 좋았다. 20인치도 채 안 되는 화면에서 나오는 흑백 영화. 색다른 세계는 환상의 나라로 인도한다. 환경과 처지에 억압되어 있던 나는 그 시간만큼 날개 달린 천사다. 찰리 채플린과 오드리 헵번, 그레고리 펙. 그들이 들려주는 이야기에 빠져들어 자신이 주인공이 된 마냥 창공을 날아다녔다. 마음속으로 바람이 솔솔 불어오는 순간이다.

헛헛함이 나를 삼켰는지 이야기에 빠지면 내가 주인공이 되는 듯했다. 다른 삶을 사는 사람의 이야기를 책에서도 만나곤 했다. 괴로운 현실을 벗어나는 최적의 공간이 되는 책. 책 속에서 만나는 한마디 대사는 반창고 역할을 한다. 특히, 건물 전체가 온통 책으로 뒤덮인 종로서적을 좋아했다. 주말에 종로를 향하는 발걸음은 요즘 해외여행 가는 설렘 못지않다. 오늘은 어떤 책을 읽을까. 서점 한쪽에 인기 순위가 적힌 정보를 보고 취향에 맞는 책이 있는지 뒤적였다. 구석진 곳에 자리 잡고 읽어 내려가면 천국이 따로 없다. 마음속으로 바람이 솔솔 불어오는 순간이다.

글비 작가의 등단을 축하하던 날. 여러 작가와 식사를 마치고 카페로 자리를 옮겼다. 미리 준비해 놓은 꽃바구니를 선물했다. 다들 노란색 꽃에 빼앗기는 시선. 축하할 일이 있을 때 꽃다발보다 꽃바구니를 선물하는 걸 더 선호한다. 꽃다발은 시들어 버릴 때 마음 아프다는 말이 스프링처럼 마음속에서 튀어나왔다. 툭. 최재선 교수님께서 내 말을 들으시더니 천생 작가라고 말씀하셨다.

순간 마음으로 질문했다. 꽃다발을 보면 왜 마음이 아팠을까. 꽃다발이 수명을 다하면 쓰레기가 된다. 아! 말라서 죽은 꽃, 버려야만 하는 꽃을 나로 투사했구나. 빈자리로 남아있는 퍼즐 한 조각을 찾은 듯했다. 꽃이 수명을 다해서 쓰레기봉투로 들어갈 때마다 가슴을 찌르듯이 아팠구나. 꽃이 바로 나였기에.

상처를 꽃무늬로 만드는 시간이 나에게도 다가왔다. 이제 지나간 시간이 자신만의 이야기가 되었다. 내가 경험한 것을 일상의 쉬운 언어로 독자에게 전달하고 싶다. 동화책을 읽고 난 뒤에 따라오는 맑은 감동 같은 게 있었으면 좋겠다. 그 어딘가에서, 예전 내 모습을 하고 있을 누군가에게 희망을 주고 싶다. 어쩌면 한쪽에서 아직도 스러져 있는 나 자신에게 용기를 주고 싶은 것인지도 모르겠다.

 지금은, 내 안에서 죽어가는 낱말이 부활하는 시간이다.
2023. 4. 28.

능소화

무더위가 한창인 요즈음, 능소화가 흐드러지게 피었다. 고등학생 어느 여름이었을까.

수업 끝나고 집으로 가는 길. 오르막길에 있는 교회 문을 슬며시 연다. 아무도 없는 예배당 한쪽에 조용히 앉는다. 중학생 때 시력이 갑자기 나빠지면서 늘 눈이 아프다. 피곤하면 제일 먼저 눈은 아프다고 신호를 보낸다. 비록 내가 다니는 교회는 아니지만, 어두컴컴한 예배당 안에서 기도한다. 말도 안 되는 기도를. "눈 좀 낫게 해주세요. 지금 눈 뜨면 시력이 좋아지게 해주세요." 정말 떼쓰는 어린아이와 같은 기도다.

7년 정도 지나서 기쁜 소식이 들려왔다. 시력교정 수술이라는 나팔소리가. 시력 좀 좋아지게 해달라던 기도를 신이 들어주셨다고 생각했다. 과학 기술의 발전을 통해서. 스물여섯 살에 서울 아산병원에서 눈을 수술했다. 엑시머 레이저라는 이름의 수술이다.

수술한 날 실눈을 뜨고 힘겹게 집으로 향했던 기억이 난다. 시력이 좋아지는 것으로 충분히 행복했다. 수술 부작용으로 밤에 불빛을 보면 눈부심 현상이 심했지만. 그까짓 부작용은 상관없다. 세상이 다 내 것처럼 보였고 간판에 쓰인 글자가 춤췄다. 간절한 바람 덕분에 결혼식장에서 안경과 인연을 끊을 수 있었다.

5년 전, 캘리그라피를 하면서 인스타그램을 시작했다. 동경의 대상인 인스타그램은 마음과 시간을 빼앗기에 충분했다. 날마다 작품을 올리면서 SNS에서 열심히 일했다. 팔로워가 '좋아요'를 누르면, 날마다 마음은 꽃밭이다. 어느새 인스타그램은 둘도 없는 친구로 변했다. 눈이 조금씩 나빠지는 것을 모른 채.

2020년도에 대학교에 입학했다. 코로나 19가 확산하자, 대부분 수업은 동영상 수업으로 대체했다. 컴퓨터를 계속 쳐다보니 눈은 더 아팠다. 동영상 수업 들으랴, 과제하랴. 어느 날, 희뿌연 것이 눈앞에서 어른거렸고 구역질이 나려고 했다. 놀란 마음을 안고 안과를 찾았다. 비문증이라는 새로운 질병을 만났다.

원장님은 시력교정 수술을 받고 20년 넘게 썼으면 잘 쓴 거라고 했다. 앞으로 눈을 아끼라는 말을 덧붙이면서. 마음 단단히 먹고 인스타그램을 삭제했다. 카카오톡도 무음으로 바꿨다. 휴대폰으로 뉴스 검색도 하지 않기로 했다. 소중한 눈을 휴대폰과 바꿀 수 없기에. 휴대폰을 책꽂이 위에 올려놓았다. 전화가 올 때만 만지려고. 홀로 있을 때 사람이 하는 일은 그의 정체성을 나타낸다는 말이 있다. 그동안 휴대폰과 얼마나 많은 시간을 함께했는지 보았다. 영혼과 휴대폰을 바꿨다는 생각이 들었다.

약속이 있어 카페에 갔다. 테이블마다 다들 휴대폰을 만지작거리고 있다. 맞은편에 친구가 있는데도. 얼굴을 마주 보고 대화하는 것이 아니라, 시선은 휴대폰을 향하고 있다. 버스 정거장에서도 마찬가지다. 대여섯 명의 예비승객은 버스를 기다리며 휴대폰을 쳐다보고 있다. 책을 보는 사람은 만나볼 수 없는 걸까.

추억 속에서 낡은 것이 둥둥 떠오른다. 오래도록 간직한 친구의 편지. 다락방에서 듣던 아날로그 라디오. 조간신문 석간신문이 있던 옛날. 코흘리개 친구와 뛰어논 고무줄놀이 등. 인터넷이 발달하면서 사회는 적막해졌다. 친밀한 관계는 숨바꼭질하듯이 꼭꼭 숨은 것이다. 이 세상에 속한 자연은 계절에 맞춰 살아가는데 사람만이 욕망에 지배당한다. 자신에게 찾아오는 계절을 모른 채.

스벤 브링크만은 저서 『절제의 기술』에서 다음과 같이 말한다. "페이스북, 인스타그램에 한 번 접속하면, 거기에 푹 빠져 몇 시간씩 정신을 놓게 된다. 사용자가 화면을 내려가며 새로운 게시물을 보는 동안, 또 다른 정보가 끊임없이 올라온다. 이러한 디지털 생태환경은 중독이라는 큰 문제를 일으킨다. 문제는 이것이 단순한 의존증이 아니라는 점이다"

저자는 진정으로 자유로워지고 싶다면, 불필요한 욕망을 절제하고 기꺼이 내려놓을 줄 알아야 한다고 주장한다. 전부 붙들고 다 이루려고 애쓰느라 정작 중요한 게 뭔지 모르게 된다는 것. 틀 없는 삶 속에서 욕망에 휘둘리고 방황하는 대신, 정말 가치 있고 중요한 단 한 가지에 마음을 쓸 줄 알아야 한다면서. 절제의 기술은 더 힘든 상황에 있는 다른 누군가에게 도움을 주기 위해, 내 앞에 놓인 무언가를 기쁘게 내려놓는 것이라고 한다.

내가 노인이 되었을 때 휴대폰이 없어도 살 수 있을 것 같다. 하지만 책을 읽을 수 없는 세상은 상상만 해도 마음이 찢어진다. 이것이 휴대폰 사용을 절제하려는 가장 근원적인 이유다.

글 쓰는 할머니를 그리다 보니 능소화가 담벼락을 넘었다.

2022. 8. 8.

이처럼 사소한 것들

새날이다.

7월 15일. 남편 생일상을 차린다. 아침이니 간소하게 소고기미역국과 햄, 두부 반찬을 준비한다. 어제저녁에 생일케이크는 이미 잘랐다. 아침상에 촛불 끄는 게 빠지니 여간 허전한 게 아니다. 촛불을 꺼야 아들도 일어나서 생일축하 노래를 부를 텐데. 밥 먹자고 깨우니 잠꼬대만 한다. 어쩔 수 없이 남편과 함께 단둘이 식사한다. 선물은 따로 준비하지 않았다. 남편에게 돈 봉투를 쑥 내미니, 볼 꽃이 흐드러지게 핀다. 곧이어 잘 다녀오겠다며 출근한다.

설거지하고 나서 세탁기에 이불을 넣는 찰나. 어머니께서 전화하신다. 삼일 만에 또 감자를 찾으신다. 허기 채우는 데 감자가 최고인가 보다. "나 감자가 먹고 싶은디. 집에 감자 있냐?" 여름철이라 감자를 많이 사다 놓으면 금방 상태가 안 좋아진다. 드시고 싶다고 하실 때마다 조금씩 산다. 감자는 냉장고에 보관하면 안 되기에. 오후에 쪄서 갖다 드리겠다고 하니 좋아하신다. 전화를 끊고 베란다로 나가보니 웬걸 감자가 쪄갈 만큼 있다. "사와야 해요. 땅을 파야 감자가 나오지요."라고 웃으며 말대꾸했는데. 더운데 사러 갈 생각에 짜증도 절반 섞였을 성싶다. 으그! 입이 주둥이가 되는 순간이다.

괜히 마음이 바쁘다. 내일은 어두문학회가 있는데 아무것도 써 놓은 글이 없다. 일기는 매일 쓰지만, 문학회에 들고 갈 수 있는 글은 아니지. 무어라도 읽어야 글이 나올 것 같다. 어제 도서관에서 갔다. 스승님께서 읽어보라고 권하신 책. 클레어 키건의 『이처럼 사소한 것들』을 검색했다. 또 '대출 중'이라고 떴다. 예약도 안 된단다. 올해가 지나기 전에 읽어볼 수 있을까.

대신 빌려온 손원평의 『아몬드』라는 책을 펼친다. 기억에 문학회에서 다른 작가가 읽었다고 한 책인 듯. 내용이 제법 흥미롭다. 한 시간 넘게 읽다 보니 어느덧 오전이 물같이 흐른다. 얼른 공부하는 아들과 함께 점심을 때워야 글도 쓸 텐데. 열무국수를 해 먹자. 며칠 전에 담은 열무김치가 맛이 들었다. 국수만 데쳐서 열무김치 한 국자 끼얹는다. 초복인 오늘, 열무국수가 점심 한 끼를 해결해 준다.

곧이어 감자를 찌려고 껍질을 벗긴다. 냄비에 물을 넣고 굵은 소금 한 숟가락, 설탕 네 숟가락 정도 넣어 휘휘 젓는다. 간한 물에 감자를 풍당 빠뜨리고 삼십 분가량 삶으면 포근포근한 찐 감자 완성. 며칠 전에는 소금을 너무 많이 넣어서 실패했다. 두 번째 찐 감자인 걸 모르시는 어머니. 감자만큼 맛있는 게 없다고 하셨다. 오늘도 얼른 감자를 쪄서 갖다 드리고 은행에 들렀다. 집에 오니 벌써 네 시가 넘는다. 시간을 다 잡아먹었다. 어머니께서 자주 표현하시던 말씀이 떠오른다. "호랭이 물어가네."

 어쩌지. 글을 아직도 쓰지 못했다. 컴퓨터 앞에 앉는다. 써야 한다는 중압감에 엄두가 안 난다. 완성하지 못한 문장이 먼지가 되어 흩날린다. 빗장 잠그듯 팔짱을 끼웠다가 풀기를 반복한다. 벌써 오후 5시 반. 침을 꿀꺽 삼킨다. 남편 생일이니 저녁으로 라면을 먹을 수는 없는 법. 사다 놓은 오리고기로 주물럭을 하려고 일어선다. 고추, 고춧가루, 마늘 진간장, 매실액을 넣고 양념장을 만든다. 고기를 양념장에 재고 나서 볶는다. 곧 양파, 대파, 고구마, 양배추를 썰어서 고기와 넣고 팽이버섯도 올린다. 삼십 여분 볶으니 고기가 질기지 않고 부드럽다.

 남편도, 딸과 수용이도 퇴근한다. 아들도 독서실에서 식사하러 온다. 깻잎장아찌, 양파 장아찌, 열무김치와 상추쌈을 차린다. 오리 주물럭 한 마리 상 위에 올리니 다른 반찬 없어도 푸짐하다. 다섯이서 함께 하는 저녁 식사. 준비하는 건 오래 걸리지만 먹는 건 순삭. 설거지까지 하고 나니 여덟시 반이다. 매일 맨발로 걷는 시간. 운동장에 나가야 하나 아니면 글을 써야 하나. 저울로 재다가 걷기로 한다. 마음이 급해서 시간을 절반으로 줄인다. 삼십 분가량 걸으면서 '설계하기'를 해볼까나. 하지만 설계는커녕 맥도 안 잡히는 상태.

막다른 골목 앞에서 다시 앉은 컴퓨터 앞. 오늘 일어난 일을 차근차근 떠올리기 시작한다. 시간 속에 특별히 거대한 일은 없다. 그저 사소한 것이 모여 이루어지는 일상이다. 흘러간 시간을 그리움이란 이름으로 붙잡는 한밤중. 글을 엮고 또 엮는다.

0시. 까만 밤하늘의 별이 마법의 가루를 뿌리는 순간.

2024. 7. 15.

2 부

텅 비어 괴괴한 가슴을 안고 학교 도서관을 찾는다.
낡은 책사이에서 반짝거리는 책을 발견한다.
- 「수레바퀴 아래서」 가운데

수레바퀴 아래서

초시계가 빙글빙글 돈다.

    요양병원에서 전화가 온다. 어머니께서 출혈이 있으니 산부인과에 다녀왔으면 좋겠다고. 멀뚱 멀뚱 눈을 굴린다. 못 걸으시는 어머니를 어떻게 모셔야 할까. 절박한 물음에 수화기 건너편에서 구급차를 이용하라는 말이 들려온다. 안도의 한숨이 골짜기를 타고 흘러나온다. 대자인 병원에 전화해서 월요일로 진료를 예약한다. 수업이 있지만 빠지고서라도 가야 한다. 몇 분 안 되어 요양병원에서 다시 울리는 전화 소리. 휴일이어서 구급차가 운행하지 않는 날이란다. 진료시간을 변경해야 한다. 머릿속이 뒤엉켜 이리저리 쳇바퀴 돈다.
    화요일 오전으로 진료시간을 바꾼다. 돌아오는 화요일에는 조직신학 시간에 발표를 맡았는데. 얼른 발표를 끝내고 택시로 병원에 갈 생각이었다. 요양병원에서 또 전화가 오는 게 아닌가. 오전에는 다른 환자를 수송해야 한단다. 어쩔 수 없이 금요일 오후 3시로 바꾼다. 간호사와 몇 통화 하다 보니 정신이 쏙 빠진다. 그동안 어머니를 휠체어로 모시고 다녔는데. 이제 구급차가 없으면 안 된다.

잠시 후 전화벨이 울린다. 어머니시다. 한 번씩 전화를 피하고 싶을 때가 있는데 오늘이 그렇다. 지난주에도 부추전과 물 국수를 해드렸는데 뭐가 드시고 싶으신가 보다. 잃은 입맛이 돌아왔는지 감자를 쪄오라고 하신다. 무작정 병실로 올라오란다. 병실로 올라가려면 미리 면회를 예약해야 한다. 요즘 컨디션이 안 좋은 탓에 나도 모르게 울퉁불퉁 대답했다. 너 왜 그랬니. 전화를 끊음과 동시에 밀려오는 후회.

속죄하는 마음으로 꽃집으로 향한다. 어버이날이라 그냥 가기 좀 서운했기에. 카네이션 바구니를 두 개 골라 봄 햇살을 맞으며 요양병원까지 걷는다. 누워계시다가 벌떡 일어나 반기신다. 스스로 앉으시지 못해서 고생하신 게 두 달 전인데. 활기찬 모습을 뵈니 이전 감정은 사그라진다. 뭐 하러 꽃을 사왔느냐고 다그치신다. 예상한 대로다. 꽃에 시선을 두기엔 삶이 그만큼 절박한 것일 터.

감자를 들고 아버지 병실로 발걸음을 옮긴다. 이제는 반기지도 않으신다. 밀물처럼 밀려오는 이 감정은 뭘까. 건널 수 없는 강을 사이에 두고 옆에 앉는다. 이가 없으시니, 감자를 손으로 잘라 드시려고 하신다. 거칠고 두꺼운 손톱이 매 발톱처럼 자라있다. 내가 해드리는 게 마음 편하겠다 싶어 잘라서 건네 드린다. 가쁜 숨소리를 내시며 허겁지겁 드신다. 영락없이 아기가 되셨다. 저번보다 모습이 더 안 좋으시다.

물을 따라드리려고 컵을 들었는데 눈이 회동그래진다. 제대로 씻지도 않아서 물때가 곰팡이 꽃을 피웠다. 비명이 나온다. 어떻게 이런 컵으로 물을 드셨을까. 알 수 없는 감정이 목을 밀어 올린다. 힘을 다해 박박 문질러 씻는다. 수렁으로 내동댕이쳐지는 것이 이런 기분일까. 어둠에 휩싸여 이리저리 쳇바퀴 돈다.

청소 아주머니가 다가와서 보호자냐고 묻는다. "환자분이 자꾸 화장실에서 수돗물을 드세요. 생수 드시라고 하는데 말을 안 들으세요." 익히 알고 있는 내용이다. 아무리 말씀드려도 정수기 있는 곳까지 가시는 것도 성가신가 보다.

병실에서 부모님을 뵙고 오면 늘 처절함이 요동친다. 모든 것이 헛되고 헛되다는 전도서의 말씀이 눈앞에 펼치는 순간. 인간의 가장 밑바닥. 너와 전혀 상관없는 일 아니리라. 모든 인생의 끝이 이토록 연약한 것이리라. 인간이 가진 유한성이라는 내용증명 우편물을 받아든다. 가슴 속 깊은 곳이 톱날에 긁힌 듯하다.

일상에서 쓸모없는 감정을 붙잡고 줄다리기했음을 깨닫는 순간이다. 죽음이 점점 삶 깊숙이 들어오니. 우주에서 둥둥 떠다니는 파편한 조각이 되었다. 얼마 전 스승님께 8월에 책을 내겠다고 말씀드린 게 떠오른다. 이조차 아무 의미가 없는 듯 원초적인 질문을 던진다. 무엇을 위해서 글을 쓰니. 허영심이 차 있는 건 아니니.

텅 비어 괴괴한 가슴을 안고 학교 도서관을 찾는다. 낡은 책 사이에서 반짝거리는 책을 발견했다. 다섯 권짜리 만화. 강풀의 액션 만화『무빙』이다. 알고 보니 디즈니 플러스에서 만든 드라마의 원작이다. 나에게 무슨 말을 걸어올까. 기대감에 얼른 1권을 읽는다. 이 속에 나오는 대사가 마음을 때린다.

"영웅? 영웅이 되고 싶었어? 공중에 뜬다고, 하늘을 난다고, 영웅이 되는 건 줄 알았어? 다른 사람의 마음도 헤아리지 못하고 마음 아프게 하는 게 무슨 영웅이야?"

내 곁에서 빙빙 도는 삶을 뜨겁게 껴안는다.

*괴괴하다: 쓸쓸한 느낌이 들 정도로 매우 고요하다

2024. 5. 3.

울음꽃

쨍그랑.

　냉장고 문을 연다. 갑자기 무언가가 떨어져서 박살났다. 화들짝 놀라 쳐다보니 관촌 시골집에서 챙겨온 들기름이다. 어머니께서 드시던 들기름이 반병 남아있어서 가져왔는데. 냉장고 문 안쪽에 잘 꽂아놓은 게 깨지다니.

　어머니께서 대자인 병원에서 퇴원하시고, 다시 요양병원으로 들어가신 지 한 달이 넘었다. 매일 저녁 6시 20분에 오던 전화도 안 온다. 섬망을 가장 가까이에서 바라본 당시 마음이 칼로 베는 듯 배신감이 들었다. 지금까지 부모님을 쫓아다닌 시간이 떠오르며. 관촌에서 전북대병원에 진료받으러 오시면 달려가곤 했다. 한 달에 이삼일밖에 자지 못해 온몸이 덜덜 떨릴 때도. 시시때때로 두 분이 번갈아 가며 입원하셨고 횟수는 점점 늘어만 갔다. 이때마다 바윗돌로 짓누르는 고통을 뒤로한 채 몸을 일으켜야 했다.

 절벽 앞에 서신 부모님을 마주한다. 유한한 인간 앞에 벌겋게 드러난 연약함을 깨닫는다. 내가 어찌할 수 없는 고통이다. 이상하게 어릴 때부터 죽음에 대해 많이 생각했다. 잘 죽게 해달라고 기도하곤 했다. 다시 조약돌을 던진다. 잘 죽는다는 건 무얼까. 죽음으로 이어지는 바람 같은 삶. 화살처럼 쏘는 번민이 물안개처럼 피어난다.

 눈물이 말랐다는 말을 하늘이 들었을까. 요즘 사춘기 아이처럼 방황한다. 지난 주말 요양병원에 계신 부모님을 뵙고 와서일까. 남편이 오늘 출근하여 못 가니 나에게 뵙고 오라고 부탁한다. 사 오라고 한 요플레와 요구르트, 컵라면을 들고 병실로 올라갔다. 초점을 잃어가는 부모님의 모습을 바라보니 황망하기 그지없다. 어머니 손을 꼭 잡아드렸다. 뿌리치지 않고 한참 동안 놓지 않으신다. 싹싹한 며느리도 아니어서 손 잡아드린 일도 거의 없는데.

"어머니! 주무시다가 하늘나라 가시면 좋을 텐데요."
"그러면 좋을 테지."

 허공을 향한 눈길을 마주한다. 마음 깊은 곳에 울음이 자리 잡는다. 멍울처럼. 일요일 오후에 지하 1층으로 가셔서 예배를 드리신다는 소식을 들었다. 간병인의 도움을 받아 휠체어에 올라타신 어머니.

휠체어를 힘없이 밀며 걸으시는 아버지. 손에는 꼬깃꼬깃 준비한 돈 천 원 쥐신 모습을 상상한다. 아버지는 얼마 전 병원 화장실에서 의식을 잃고 쓰러지셨다.

어머니는 동네 분을 따라 교회에 나가시곤 했다. 아버지는 몇 번 나가시다가 아예 발길을 끊으셨다. 절벽 앞에서 두 분이 함께 예배드리시다니. 누가 억지로 시켜서 할 수 있는 게 아니다. 다치시기 전만 해도 예쁜 옷으로 갈아입고 예배를 드리셨다. 옷을 갈아입으시다가 넘어지면 어떻게 하냐고 심드렁하게 말하곤 했는데. 간절함도 모른 채.

라디오에서 소유정 전도사님의 '사랑가'가 흘러나온다. 가사가 구슬프기 그지없다. "꽃은 지고 풀 말라도 내 사랑 영원하리." 가사가 심금을 울린다. 누구에게나 닥치는 질병과 죽음의 그림자가 부모님 앞에 친구처럼 다가왔다. 바람 앞에 흩날리는 검불 같은 인생. 아등바등 산 인생의 끝이 이리도 아프다. 나에게도 남편에게도 닥칠 일. 누구도 피해갈 수 없는 일. 그날을 위해서 오늘 나는 어떻게 살아야 할까.

주일이 왔다. 아침 7시부터 찹쌀을 찌기 시작한다. 팥물을 소금과 설탕으로 간한다. 달콤 짭잘하게. 맛있게 찐 찰밥에 팥물을 부으니 색깔이 이렇게 고울 수가. 팥을 보기 좋게 섞은 다음 다시 찌기 시작한 찰밥. 이가 안 좋으시니 꼬들꼬들하게 하면 안 된다. 9시가 넘어서야 푹 쪄졌다.

어머니께서 요즘 입맛이 돌아오셨나 보다. 그저께 찐 감자와 부추전을 해드렸는데 어제 찰밥이 드시고 싶다 하셨다. 과제도 해야 하고 마음이 바빠 살짝 거드름을 피우고 싶은 찰나. 선택해야 한다. 영원한 것이 무엇일까. 즐거운 마음으로 주방으로 향했다. 지금, 이 시간 속에서 충만한 삶을 사는 것이 진정한 예배이지 않을까.

교회 가는 길. 찰밥을 원무과에 맡기고 전화 드린다. 그런데 어제 저녁에도 찰밥을 맛나게 드셨다고 하지 않는가. 안 갖고 와도 된다고 하시면서. 김이 빠지려는 순간 이렇게 말씀드린다. "이건 더 맛있게 됐어요. 많이 쌌으니 직원분이랑 같이 나눠 드세요." 내 말에 되레 좋아하시며 고맙다고 하신다. 운전하던 남편이 입안엣소리로 말한다.

"어제는 노랑나비가 날아다니더니, 오늘은 흰나비가 보이네."

2024. 4. 15.

살아있는 유언

　어머니께서 요양병원으로 되돌아가셨다. 허리를 수술하신 지 일주일 만에. 면회를 신청했더니 국수를 삶아오라고 하신다. 아버님 드려야겠다며 고구마도 구워오라 하신다. 당신 몸도 아프신데 아버지 드실 고구마까지 챙기시다니. 깊은 교훈을 주는 잠언이 여기 있다.
　몇 년 만에 입원실 안으로 들어가는 건지. 그동안 코로나로 인해 병실 안 출입이 금지됐다. 남편은 어머니의 침대 난간에 작은 바구니를 매달아드린다. 물병과 간식거리를 손쉽게 꺼내 드시라고. 일일이 간병인에게 부탁하지 않아도 되니 어머니 눈에서 하트가 뿅뿅 나온다. 간병인도 흡족해한다. 아들이 이렇게 효자라 며느리가 눈에 들어올 리가 없지. 그렇지만 바늘 가는 곳에 실이 안 가랴. 섬망 증세를 바라보며 움푹 파인 자국도 온데간데없다.
　건너편 병실에 계신 아버지께 갔다. 더 작아진 체구. 얼굴 곳곳에

허옇게 핀 꽃. 비척비척, 인생의 마지막 날을 향한 발걸음이 힘겹다. 내가 누구냐고 여쭈니 그냥 바라보신다. 껌뻑껌뻑. 아버지 입안에 가뭄이 들었나 보다. 내 마음도 바짝바짝 탄다. "제가 누구예요?" "응" "아픈 데 없으세요?" "응" "하고 싶은 말씀 없으세요?" "응" 팽이처럼 뱅뱅 도는 대화의 끝. 하도 귀찮게 구니 가슴에서 무언가 내뿜으신다. 호기심에 귀를 바짝 댄다. "우우우우으으으우웅."

무슨 말씀을 하고 싶으신 걸까. 번역기가 있다면 좋으련만. 끈질기게 여쭸다. 붕어 입처럼 끊임없이 오물거리는 입을 주목하니 운을 떼신다. "열심히 살아." 등대를 찾다 지친 나룻배가 마음속으로 들어와 표류한다. 놀란 사슴처럼 아버지 눈을 바라본다. 교차하는 시선 속에서 뜨거운 침묵, 강 되어 흐른다. 알 수 없는 전율이 회오리바람 친다.

날마다 텔레비전 앞에 앉아계셨다. 평생 하시던 고추 장사를 내려놓으시면서. 동네 어르신으로 북적이는 마을회관엔 발도 들이지 않으셨다. 조용하신 분이라 늘 집에만 계셨다. 마당과 집 앞에 있는 냇가를 바라보는 게 전부다. 외출이라고 해봤자. 반복되는 생활이 이어지니 불면증이 친구삼자며 달려들었다. 고통스러운 나머지 목숨을 끊으시려고 한 게 수차례. 응급실에서 밤을 지새우던 날 자식들은 원망도 많이 했다. 어쩔 수 없이 요양병원으로 모셨다. 잘 드셔야 하는데 잇몸이 아프시다며 틀니 끼는 것도 포기하셨다. 죽만 드시니 면역력은 바닥 난 상태. 젊은 날은 연기같이 소멸했다.

입원하신 뒤로 점점 말을 잃으셨다. 남자 환자가 다 누워있기만 하기에. 마음 통하는 친구가 있을 땐 제법 말씀을 잘하셨다. 어머니 병실에 놀러 가고 싶어도 환자 대부분이 싫어해 못 간다. 아버지 성격에 들어갈 리 만무하다. 왜 남자가 들어오느냐고 따지니. 복도만 왔다 갔다 하며 멀찍감치 서서 어머니를 바라볼 뿐.

두 분이 이때 아니면 언제 만날까 싶어, 남편은 아버지 손을 잡고 어머니께로 들어간다. 기울어지는 그림자 같은 부부의 인생이 화폭 안에 담긴다. 아버지의 눈시울이 붉어진다. 어머니 손을 잡고 좋아 어쩔 줄 모르신다. 걱정 어린 어머니 말에 온몸으로 끄덕이신다. 메마른 풀잎에 새벽이슬 내리더니 한여름 같은 소나기가 쏟아진다. 건조한 병실 안으로.

다음 날 밤 12시. 자려고 누웠는데 전화 소리가 울린다. 요양병원이다. 늦은 시간이라 가슴이 철렁. 남편이 깰까 봐 얼른 받는다. 다급한 마음에 무슨 일이 생겼냐고 연거푸 묻는데.

"손종엽 어르신께서 화장실에서 쓰러진 채 발견되셨어요."

잠이 토끼처럼 달아났다. 놀란 간호사의 목소리가 전화기 건너편에서 흔들린다. 중환자실로 옮겼고 맥박은 돌아왔다며, 혹시 다급한 상황이 생기면 전화할 테니 알고 있으란다.

야속한 시간이 빗물 되어 떨어진다.

*비척거리다: 몸을 한쪽으로 비틀거리거나 다리를 절룩거리며 걷다
*후북이: 흠뻑의 전라도 말

2024. 3. 14.

꽃밭에서

매화 가지에 봉우리가 맺혔다.

 최명희의 소설 『혼불』에서 할머니 청암부인이 말한다. "그 들판은 매화낙지다. 매화 楳, 꽃 華, 떨어질 落, 따 地, 이렇게 쓰지." 강모가 꽃이 떨어지는 데 무엇이 좋은가 묻자 답한다. "이 사람아, 꽃은 지라고 피는 것이라네. 꽃이 져야 열매가 열지. 안 그런가? 내 강아지." 인생도 마찬가지 아닐까.
 표범이 으르렁거리듯 어머니께서 고통을 토해내신다. 섬망 증상으로 인해 돌변하셨다. 평상시 나를 많이 의지하셨는데. 들어보지도 못한 표현이 병실 안 공중에서 둥둥 떠다닌다. 자리를 못 찾고. 삶은 국수와 구운 고구마를 들고 요양병원을 향하는데 전화가 왔다. 어머니께서 넘어져 고관절이 골절되었다고. 곧바로 응급차를 타고 큰 병원에 입원하셨다.

링거를 빼려고 하시니 침대 난간과 팔이 한 몸을 이룰 수밖에. 환자를 위해 어쩔 수 없다. 네가 이럴 줄 몰랐다며 울분을 토해내신다. "내가 너 죽일 거야. 날 죽이고 너네만 잘살 것 같냐?" 눈에 냉기가 넘쳐난다. 얼마나 고통스러우면 저러실까. 한참 지나 조금 수그러지셔서 묶인 손을 풀었다. 나를 죽게 내버려 두지 이렇게 아프게 만드느냐며 대성통곡하신다.

달래고 설득하는 것도 통하지 않기에 가만히 쳐다보기로 했다. 간이 의자에 앉아서. 어머니의 움직임을 돌보기 넘어 쳐다보듯 하니 주먹질을 하신다. 눈을 흘기시며 쳐다보지도 말란다. 닭싸움하듯 기 싸움하는 순간. 갑자기 소변 줄을 빼려고 하신다. 분이 안 풀리시는지 성난 황소처럼 몸짓이 거세다. 문신 같은 슬픔이 펑펑 쏟아진다. 홀로 감당하기 버겁다. 평상시 같으면 내 모습을 안쓰러워하실 만도 하건만. 오히려 같잖게 우냐며 호통치시고 매섭게 고개 돌리신다. 너랑 나는 이제 끝장났다. 이제 네 마음을 알았다. 어머니라고 부르지도 말아라. 며느리가 적군이 된 듯하다.

돌발 행동을 하신다. 기저귀를 손으로 찢으신다. 어디에서 그런 힘이 나오는지. 어머니의 목소리가 하늘을 찌른다. 간병인에게 상황을 전하려고 나가는데. 다른 환자가 이렇게 시끄러우면 밤에 어떻게 자겠냐며 호소한다. 간병인이 타이른다. 저녁엔 괜찮아질 거예요. 전쟁이 시작됐다. 기저귀를 갈 수 없자 찢긴 상태로 놔두기로 했다. 세 명의 간병인이 달라붙어도 소용없다. 통증으로 허리를 움직일 수 없으니 기도를 부탁해요. 절벽 앞에서 떠오르는 몇몇 얼굴에게 중보기도를 요청하고 나니 좀 위안이 되는 듯하다.

진통제를 맞자는 내 말도 거부하신다. 칼 같은 통증에 분이 안 풀리시는지. 밤새 끙끙대셨지만 본체만체하시니 잠을 청한다. 어머니 옆에서 밤이 지나고 아침이 왔다. 어제는 말도 못 붙이게 하시더니 이제 가라앉으셨나 보다. 이것저것 요구하신다. 다리 좀 올려라. 침대 좀 높여라, 낮춰라. 허리를 돌려라. 손잡고 일으켜 세워라. 아침 8시, 남편이 교대해 주려고 집에서 왔다. 어두컴컴한 밤. 홀로 맞은 파도가 거짓말처럼 평온해진다.

주말이 끼어 수술하는 날짜가 나흘 뒤에야 잡혔다. 다시 저녁을 마주하는 시간. 어머니의 문지기가 되었다. 일어나시면 안 되는데 난간을 붙들고 힘써서 일어나신다. 계속 누워있으니 몸이 배기는 까닭에. 손을 잡고 잘 앉으시도록 끌어당기면 침대에 기댄 채 1분도 앉아 계시지 못한다. "아이구!" 외치시고 다시 누우신다. 누워있는 것도 안 되시는지 또다시 침대 머리맡을 세워달라고 하신다. 끙끙 힘쓰시는 모습은 산 정상에 오르는 모습과 다름없다. 비 내리듯 끊임없이 몸부림이 이어진다.

누룽지 죽이 나왔다. 따뜻한 물을 찾으셔서 컵에 따라서 드린다. 숟가락질을 못 하시니 먹여 드려야 한다. 고사리 볶음, 조기, 무나물, 백김치, 계란국이 나왔다. 쪄온 찰밥을 김에 싸서 드리니 백김치 국물하고만 드신다. 누룽지 죽은 내 차지. 곧바로 침대에 다시 누우셨다가 약을 드셔야 해서 다시 일어나신다. 다 앉으신 것 같아 약을 입에 넣어 드리려고 하니 천둥 같은 소릴 지르신다. 아직 편한 자세가 안 됐다며.

  수술실에 들어갔다가 나오신 어머니. 날 보더니 손을 꼬옥 잡고 놓질 않으신다. 장송곡 같이 뭐라 웅얼대시며. "내에에가아...며...느으으리이...요오오옥...해에엣써어어." 눈 위, 움푹한 곳에 맑은 물이 고인다.

  어머니와 함께 매화 그림자를 밟을 수 있을까.

2024. 2. 18.

Yesterday Once More

　목요일 오전. 톡톡. 회사에서 근무하는 딸이 손전화기를 두드린다. 다음날 오후에 휴가 내기로 했다며. 같이 놀자는 뜻이다. 먹고 싶은 게 있으면 말하란다. 번개같이 떠오르는 음식이 없는데. 대답을 안 했더니 왜 자기를 무시하느냐고 한다. 툭툭. 천천히 생각해보자고 한다. 저녁에 딸이 퇴근하고서 다시금 묻는다. "엄마! 뭐 먹고 싶어?" 가만히 생각을 둥글리다가 입안엣소리로 말한다. "소양에서 돼지갈비 김치 찜을 먹었는데 맛있다." 무뚝뚝하게 튀어나오는 내 문장에 빵 터지는 딸. 어제가 그렇게 흘렀다.

　다시 맞이한 새날. 점심시간이 우편배달부처럼 도착한다. 딸이 운전대를 잡은 차에 올라타는 순간. "Every Sha-la-la Every Wo-o-wo-o Still shines" 최근 전화벨소리로 지정해 놓은, 카펜더스의

〈Yesterday Once More〉가 울린다. 남편이 재밌게 놀고 오란다.

조그맣던 아기가 어느새 커서 바람 쐬어주는 이 하루. 오늘이라는 선물상자가 주는 행복이 오소소하다. 딸의 차를 탈 때마다 언제나 싱글·벙글하는 이유다. 팝콘처럼 톡톡 터지는 감사로 인해 계속 조잘조잘댄다. 엄마는 그거 한번 해보고 싶더라. 운전하면서 혼자 구시렁대는 대사 말이야. 음, 내가 좀 봐주지. 양보해줘서 고맙습니다. 쯧, 쯧 좀 기다리지도 못하냐? 십 여 분, 장롱면허를 탓하다 보니 어느새 소양에 도착한다.

주차하고 식당으로 들어서는데 뒤에서 딸이 환호성 지른다. 에구! 또 강아지나 고양이가 있나 보다. 뒤돌아보니 영락없다. 검둥이와 누렁이 강아지 두 마리가 꼬리 춤추면서 반긴다. 시골 개 치고는 때깔이 고와서 예뻐 어쩔 줄 몰라 하는 딸. 꺅! 꺅! 감탄사에 나도 잔즐거린다. 딸이 낭창한 걸음으로 다가가 강아지를 토닥여준다. 빨리 들어가자며 딸을 잡아당긴다.

예약한 터라 이미 상이 차려졌다. 돼지갈비 김치찜에 맛깔스러운 반찬 열한 가지가 가지런히 우릴 반긴다. 절반밖에 안 먹었는데 딸은 벌써 밥을 다 해치웠다. 로켓 발사하듯. 어렸을 적엔 밥 한 숟가락을 입에 물고만 있어서 애태운 날이 하루 이틀이 아니다. 밥을 안 먹는 아이는 굶겨보라는 소리에 솔깃한 날이 있다. 모질게 맘먹고 하루를 굶겼다. 따라 했다가 아이는 경기 일으키듯 울며 잠들었다. 딸의 이마를 어루만지며 혼잣말했다. 엄마가 미안해. 다시는 안 그럴게. 어제가 그렇게 흘렀다.

김치찜이 너무 많이 남아 포장해서 식당을 나왔다. 예뻐해 줄 강아지는 동네 마실 나갔나 보다. 자크르한 햇살을 받으며. 경치 좋은 카페로 향한다. 이번엔 엄마가 쏜다고 하니 엄카냐고 묻는다. 엄카는 무슨, 엄마 이름으로 된 카드도 다 아까지. 내 말에 딸이 허허 웃는다. 커피와 빵을 주문하고 카드를 내미니 기어코 딸이 계산한단다. 돈 버는 자의 여유와 엄마를 향한 마음이 환히 느껴지는 탓에 쓰윽 카드를 도로 집어넣는다. 엄마 미소를 지으며.

카페 통창으로 호수가 한눈에 내다보인다. 아기를 데리고 와서 여유 부리는 가족이 간간이 있다. 너도 세 살일 때가 있었지. 그땐 엄마가 스물아홉이었는데 애가 애를 키웠네. 중얼거리는 내 말에 딸의 눈빛이 그윽하다. 이제 스물여덟, 엄마 나이를 닮아가는 자신이 대견하기도 할 터.

얘기하다 보니 딸이 고등학교 1학년이던 어느 날이 떠오른다. 관촌 시댁에 갔다. 딸이 길고양이와 놀아주겠다며 집 밖으로 나갔다. 삼십여분이 지났는데도 들어오지 않자 걱정이 되어 이름을 불렀다. 아무리 크게 불러도 대답이 없었다. 구름이 잔뜩 낀 추운 겨울. 동네에는 빈집이 많았다. 관촌역 앞에 지하차도가 생기는 바람에 마을이 활기를 잃은 탓. 겨울바람에 메마른 가지가 유령처럼 보였다. 주인 없는 집, 반쯤 열려있는 대문이 으스스했다. 텔레비전 뉴스에서 듣던 나쁜 소식이 온몸을 휘감았다. 감전이 일듯이.

"유나야! 유나야!" 목이 터져라 불렀다. 정신없이 뛰었다. 이즈음 내 몸은 만신창이가 되어 바닷속으로 꺼져가는 상태였다. 몸이 나동그라지니 마음은 바람에 날리는 먼지처럼 흩어졌다. 불안이 엄습하여 쿵쿵 심장이 발길질했다. 불길한 생각이 치솟았다. 용암이 흘러나오듯. 동네 분에게 딸을 못 봤냐고 아우성쳤다.

남편이 동구 밖에서 보일랑 말랑 움직이는 무언가를 발견했다. 온 동네를 휩쓸고 다니다가. 조금 더 가까워지니 딸임을 알 수 있었다. 고양이가 안 나타나 길래 놀이동산이 재밌어 보여 멀찍이 있는 사선대까지 걸어갔단다. 딸아이를 보자마자 다그치며 혼냈다. 드라마에서 많이 나온 장면처럼. 어머니께서 고만 혼내라고 말리신 일이 어제 일처럼 떠오른다.

시냇물처럼 어제로 흘러갈 오늘의 데이트. 햇볕이 온온한 가운데 지나온 추억을 마주한다. 결혼식을 준비하며 시나브로 엄마의 손길을 벗어나는 딸이다. 활짝 핀 청춘과 함께 다디단 커피를 한 모금 넘기니 오롯이 사랑만 남는다.

창밖에서 아기와 엄마가 다정히 손잡고 징검다리를 건넌다. 총총.

*입안엣소리: 입속말
*오소소하다: 소복하게 쏟아지다
*잔즐거리다: 입가에 웃음을 약간 띠며 웃는다
*낭창하다: 밝고 구김살이 없다
*자크르하다: 딱 알맞게 좋다

2024. 2. 3.

겨울 이야기

하늘이 잔뜩 찌푸렸다.

"오늘 아침부터 아무것도 못 먹었어." 어머니께서 숨을 몰아쉬며 구운 고구마와 국수를 삶아오라 하신다. 어머니는 수년째 요양병원에 입원하고 계신다. 한 달 전에 앞니 세 개를 한꺼번에 빼셨다. 제대로 못 드시니 내게 전화하시는 횟수가 늘어만 간다. 고구마 구워 와라. 전기압력밥솥에 달걀 쪄 와라. 부추전, 배추전 부쳐 와라. 드시고 싶다고 하실 때 이왕이면 그날그날 해드리려고 한다. 다음 날로 미루지 않고.

고구마는 다 먹어서 떨어졌다. 창밖을 보니 그새 함박눈이 쏟아진다. 어머니께서 부탁하신 일이 아니면 심란해서 집 밖에 나가지도 않을 텐데. 단단히 옷을 차려입는다. 손수레를 끌고 동네 채소가게인 정두장터로 향한다. 소복소복 쌓인 겨울 풍경을 와락 눈에 담으며. 사장님이 4만 원짜리 한 상자를 보여주신다. 고구마가 비싼 만큼 크기가 일정하고 예쁘다. 너무 비싸네. 무심코 튀어나온 말에 더 싼 것도 있다고 하며 크기가 잘고 못생긴 고구마를 보여주신다. 이 정도면 맛있는 고구마라며.

어디에 쓸 거냐고 물어보신다. "요양병원에 계신 어머니께 구워드리려고요." 친정엄마냐, 시어머니냐 굳이 물어보신다. 시어머니라는 대답에 혼잣말을 하신다. "남편이... 시어머니가..." 정확히 알아들을 수 없는 말이 사탕처럼 사장님 입속에서 굴러다닌다. 귀여겨들으니 한 문장이 살몃 날아온다. "남편이 좋은가 봐요. 남편이 좋으니까 하지."

표현이 재밌어서 한바탕 웃으며 화답한다. 평소 무뚝뚝한 사장님인지라. "남편 좋아요." 여러 가지 반찬거리와 고구마를 손수레에 싣는다. 가게를 나서는데 뒤에서 사장님이 우렁차게 인사하신다. "복 많이 받으세요." 가슴 깊은 곳이 뜨겁게 달아오른다. 사실 억지로 몸과 마음을 일으켜 세울 때가 더 많기에. 탈탈탈탈 눈밭을 굴러가는 손수레 바퀴 소리가 요란하다.

사십여 분만에 고구마를 굽고 국수 면발을 삶았다. 병원까지 걸어가도 되는 거리지만, 대중교통을 이용하기로 했다. 날씨가 추워서 금방 음식이 차가워질 테니. 고구마, 국수, 멸치 육수까지 커다란 통에 담아서 급히 버스에 올라탄다. 병원에 가도 코로나 때문에 어머니를 뵙지는 못한다. 1층 원무과에 고구마와 국수를 맡기고 나왔다. 소복 소복 쌓인 눈길을 한참 걷는다. 어머니께서 전화하시며 대뜸 왜 전화 안 받느냐고 하신다. 전화기를 보니 두 번째 전화하신 거다. 엄청 서운하신 모양이다. 시끄러워서 전화벨 소리를 못 들은 건데.

 딴청 부리며 음식을 받으셨냐고 여쭌다. 때로 싱겁다, 짜다, 국수를 너무 씻었다는 말씀을 듣자면 가빠지는 들숨과 날숨. 다행히 오늘은 오랜만에 맛나게 배불리 드셨다고 하신다. 내 배가 부른 듯 기쁘지만, 마음속에 숨어있던 생각이 잔물결을 일으킨다. 언제까지 이래야 하지? 걸음을 옮기는데 이 생각 저 생각이 폭죽처럼 올라온다. 그날, 그날 주어진 일을 즐겁게 하자고 결론짓고 복닥거린 매듭을 푼다. 스스로 토닥이는 것도 습관이 된 터.

 원인도 모른 채 2년 동안 배탈이 나서 마음고생한 시간이 깨단하게 올라왔다. 아버님 출출할까 봐, 자주 고구마를 챙기시는 어머니. 네가 해준 국수 때문에 살아났다고 하시는 어머니. 어머니는 사흘 동안 국수를 나눠 드셨단다. 몸이 정상이면 한 번에 드실 양인데. 게다가 많이 불었을 텐데. 애달프기 그지없다. 평생 가족을 위해 자식을 위해 뒷바라지하고 나서 마주하는 추운 겨울이다.

 한 번은 남편이 밥상을 차린 적이 있다. 때마침 남편 전화기가 울렸다. 역시나 어머니인데 내가 전화를 받았다. 영철이가 안 받고 왜 네가 받느냐 하신다. 영철이는 주방에서 밥 차린다고 하니 소릴 높이신다. "네가 차려야지. 넌 뭐하고 영철이가 밥 차리게 하냐." 아픈 시늉을 하며 앓는 소리로 대답했다. "영철이가 밥 차리면 안 돼요? 제가 아아파아요오." 고조되었던 목소리가 사그라지셨다. "너는 아프면 안 되지." 살짝 쿵, 아들에게 기울어진 시소가 내 쪽으로 기우는 순간. 내 입꼬리가 슬며시 올라갔다. 소복소복 웃음으로 쌓인 기억이 저편에서 손짓한다.

저녁 6시 20분, 남편이 퇴근해서 집에 들어오는 시각. 남편 손전화기가 부르르 떤다. 오늘도 여지없이 현관문을 엶과 동시에 모자 사이에 대화가 이어진다. 퇴근했냐. 밥은 먹고 있냐. 유나와 관우는 집에 있냐. 맛있게 먹어라. 날마다 똑같은 대화이다. 간혹 뭘 먹느냐고 물어보기도 하신다. "뭘 먹어요, 김치랑 먹지요. 맛없어요." 남편이 시큰둥하게 허공을 바라보며 대답한다. 어머니께서 드시고 싶어 하실 게 뻔하니까. 오늘따라 냉동실을 뒤적이다가 남편이 낚시한 갈치와 문어로 상을 차렸는데.

한쪽으로 기운 달이 구름 뒤에 숨어서 입김만 분다. 소복소복 쌓인 눈을 바라보면서.

*복닥거리다: 뒤섞이어 수선스럽게 뒤끓다
*깨단하다: 어떤 실마리로 인해 바로 깨닫다

2024. 1. 21.

독백

주방에서 아침 식사를 준비하는가 봐요. 제 주인이 아니어서인지 더 즐거워하는 듯해요. 도마와 칼, 흐르는 수돗물이 장단을 맞춰요. 안방에 누워 눈을 게슴츠레 떠서 시계를 보니 6시가 넘었어요. 다시 눈을 감고 침대에서 한 시간 넘게 뒹굴뒹굴. 순간의 행복을 놓치고 싶지 않네요. 주방에서 들려오는 합주곡이 끝나갈 무렵, 슬그머니 방문을 열고 나왔습니다.

식탁 위에 호박전과 산적을 올렸어요. 다소곳이. 산적에는 단무지, 햄, 파가 얌전히 꽂혀 있고요. 남편이 손수 만든 뜨끈뜨끈한 미역국을 그릇에 담고 있어요. 냉장고에서 반찬을 꺼내 접시에 올리고요. 콩나물무침, 깍두기, 김치, 도토리묵, 산적과 호박부침을 차렸습니다. 너무 부러워하지 말아요. 일 년에 단 한 번 누리는 호사랍니다.

쉰 세 살 생일이거든요.

  수용이가 현관으로 들어서네요. 샤인 머스켓을 건네며 어머니 생일 선물이래요. 반갑게 맞이하며 있다가 같이 먹자, 웃음 지었어요. 딸이 생일 케잌에 초를 꽂아요. 넷이서 노래를 불러줍니다. 해마다 하던 생일축하인데 한 명이 더 늘었지요. 노래 사이에서 단어들이 춤을 춰요. 엄마, 엄마, 엄마 사이에 낀 어머니라는 단어가요. 가슴 속에서 새싹이 돋는 듯합니다. 푸릇푸릇.

  오후 2시, 딸이 계곡으로 놀러 가자고 해요. 계곡에서는 가만히 앉아있어야 하니 허리가 아플듯해 바다에 가자고 했어요. 밤바다가 보고 싶다. 독백에 남편과 딸이 인터넷 바다를 들쑤십니다. 밤바다를 보려면 어제 말했어야지. 지금 방이 있겠느냐고 구시렁대는 딸. 숙박할 곳을 여기저기 찾느라 손이 바쁩니다. 16만 원 정도 하는 곳은 모텔같이 생겼고, 25만 원 이상은 줘야 경치도 그럴 듯. 어휴, 당일치기로 다녀오는 것에 모두 끄덕끄덕. 숙박비로 차라리 맛있는 거 사먹고 놀고 오자고 합의했어요. 자정까지 집에 돌아오면 되지 않겠냐면서.

  한 시간 반 동안 바다를 향해 가는 차 안. 밖을 보니 웬 비둘기가 차도에 위태롭게 서 있어요. 저 비둘기 날개를 다쳤나 봐. 운전자도 멈출 수 없어 뜸들이다가 앞으로 살살 전진해요. 어! 어! 저 비둘기 어떻게 해. 다가오는 차를 보더니 서 있던 비둘기가 옆으로 움직입니다. 가만히 있지 그랬니. 비둘기야 미안하구나. 온 가족이 사라지는 생명을 보고 안타까워합니다.

고사포 해수욕장에 도착했어요. 나무들 사이로 조그마한 텐트를 치고 짐을 풀었죠. 준비해간 얼음물로 마른 목도 축여요. 맛소금과 삽을 들고서 파도 옆에 섭니다. 모래를 파내다 보면 조그만 구멍이 나와요. 꽃게 구멍인지 구분해야 해요. 여기다 여기. 삽질을 멈추고 맛소금을 뿌려요. 구멍 속에서 물을 뿜어내면 성공.

맛조개가 고개를 내밀며 인사합니다. 속도가 붙네요. 두 시간 동안 열 마리를 잡았어요. 아이들이 초등학생일 때 자주 왔던 바닷가. 그때는 삽질만 하면 여기저기서 맛조개가 나왔거든요. 맛조개를 잡아 라면을 끓여 먹었던 기억이 스멀스멀 올라옵니다. 오늘은 열 마리 모두 살려줬어요.

어둑어둑해질 무렵 짐을 거두고 식당으로 향해요. 레스토랑에서 낙지볶음과 스파게티, 돈가스를 먹고 바다가 보이는 카페에서 차를 마셨어요. 너무 돈을 많이 쓰는 건 아닌가 싶지만 숙박비가 안 들잖아. 서로 눈 맞추며 만족합니다. 카페 안에서 오늘 찍은 사진을 들여다보며 낄낄대기도 하고요. 어느덧 여덟 시 반이 됐어요.

생각해보니 밤바다를 못 봤네? 독백에 변산 해수욕장으로 향하는 운전수. 집 가는 길에 들린답니다. 편의점에서 불꽃놀이 하려고 폭죽을 샀어요. 뉴스에서 해변에서는 폭죽 터뜨리면 안 된다는 소식을 들은 게 생각났어요. 직원이 이렇게 말합니다. "원래 안 되는데, 아홉 시 넘으면 다들 해요." 이 말에 작은 위안 삼고 하는 불꽃놀이. 아주 짧은 불꽃놀이에 일상의 소소한 행복이 묻어납니다.

아들이 꽃게 흉내를 내며 옆으로, 옆으로 걷는 모습에 배꼽 빠지도록 웃습니다. 네 식구가 언제 이렇게 웃어봤는가 싶을 정도로요. 썰물로 인해 바닷물은 저 멀리 있고 우리 가족이 내는 웃음소리는 밀물로 몰려옵니다. 이렇게 함께 있으면 좋기도 하고 짠하기도 한 게 가족이겠지요? 어! 해변에서 나온 작은 꽃게 한 마리가 차도를 건너고 있어요.

크리스티앙 보뱅은 『인간, 즐거움』에서 피에르 솔라주가 그린 그림에 대해 말하더라고요. 곧 피에르 솔라주의 그림을 검색하여 감상했지요. 시종일관 두꺼운 붓놀림으로 검은색을 표현한 그림. 솔라주는 어둠과 여백 사이에 더욱 빛을 발하는 게 삶이라고 얘기해요. 오늘 내 삶에 주어진 그림을 그리며 그가 말한 문장에 밑줄 칩니다.

"나의 그림을 보는 사람은 나의 그림 속에 있다."

어둡고도 깊은 나의 웅덩이. 그 속에 비친 새하얀 구름이 일가를 이루며 행복하게 웃고 있네요.

2023. 8. 15.

특별한 하루

봄바람에 옷깃을 여미는 주일이다.

예배를 드리고 집에 오니 식탁 위에 검정 봉지가 몇 개 있다. 입꼬리가 씩 올라간다. 열어보니 머위, 시금치, 달래다. 수용이가 왔다 갔나 보다. 딸에게 말한다. "뭘 이렇게 많이 갖다 놨어. 고추장까지 있네?" 수용이는 딸의 남자친구다. 부모님이 농사지은 걸 수용이 편에 자주 보내 주신다.

옥수수, 청국장, 배추, 쪽파, 대봉시. 여태껏 철 따라 너무 많은 걸 받았다. 직접 담근 고추장까지 받으니 약간 부담스럽다. "엄마, 고추장을 많이 만들었으니 올해는 고추장 사지 말래." 얼굴도 아직 못 본 예비 사돈댁의 마음 씀씀이에 황송할 따름이다. 반찬거리가 없어 마트에 가려 했는데, 덕분에 저녁 밥상이 풍성해진다. 둥그런 보름달처럼.

　고창으로 우리 부부를 초대하신 날이 다가왔다. 하루 앞으로. 뭘 들고 가야 할까. 수박과 멜론을 재배하는 지역인 고창에 과일을 사갈 순 없다. 새벽에 남편이 군산으로 낚시를 떠난다. 한참 고심하다가. 오전쯤 들뜬 목소리로 연락이 온다. 가져갈 만큼은 잡은 것 같다며. 저녁에 초췌한 모습으로 들어온 남편이 아이스박스를 열어준다. 우럭이 상당히 크다. 고창에 가져갈 건 회를 이미 떠 온 상태. 군산 시누이 집에 들러 꽃게까지 가져왔다. 시누이가 먹으려고 사다 놓은 꽃게 한 상자를 가로채 오다니. 보물 다루듯 냉장고로 옮긴다.

　한 시간 반 걸려 도착한 고창. 먼저 식당 '모양성 순두부'에서 만나 간단하게 점심 식사하기로 했다. 상견례할 때 있던 긴장감은 사라진 상태. 안부를 물으며 이런저런 얘기를 반찬 삼아 시장한 배를 채운다. 마음이 편해지는 걸 보니 딱 하늘이 맺어준 인연. 이 특별한 만남이 신기하기만 하다.

　고창의 명소를 보여주고픈 사돈의 마음이 느껴진다. 청보리밭 앞에서. 황금 물결로 가득 찬 보리밭이 잔바람에 빛난다. 시원한 바람 아래 안사돈의 손길 따라 열매를 따먹는다. 속눈썹을 깜빡이며 서울 사람, 이게 뭐냐 묻는다. 버찌였다. 그냥 아는 척하고 먹을 걸. 속으로 꿀밤 먹인다. 바로 앞에 '넓은 들'이란 카페로 들어선다. 사돈어른이 사주신 복분자 라테를 마시며 통창을 바라본다. 햇무리가 자태를 뽐낸다. 딱딱한 얼음을 녹아들게 하는 살아있는 풍경화. 초여름, 산

들바람이 생명을 움틔우는 청보리밭. 풍경이 액자다.

시골집은 고창군 대산면. 조금만 가면 전남 영광이란다. 이런저런 얘기 나누다 보니 도착한 집. "제2의 인생을 응원합니다." 곧 퇴직을 앞둔 사돈어른을 위해 준비한 화분을 건넨다. 생선과 함께. 여수에서 오랫동안 살아서 바닷고기를 좋아하신단다. 우리가 드릴 수 있는 최고이자 최선의 선물로 인해 벙싯벙싯 피어나는 웃음. 곧이어 이웃집에서 건네받은 수박을 썰어 내오신다. 우리 주려고 이웃집에서 받아 놓은 수박이 감동을 선사한다. 다디단 맛으로.

거실 창밖으로 보이는 산과 나무, 곱게 단장한 잔디. 마당에 흔들 그네도 보인다. 시골 풍경이 낙낙함을 선물한다. 흔들 그네는 지난주에 설치했다고 하신다. "왜 흔들 그네를 설치했는지 아세요?" 질문하신다. 물음표가 쳐지는 순간 막 웃으신다. 태어날 손주를 태우려고 준비했다고. 존재하지 않은 손주 이야기에 달보드레해지는 마음. 하늘에 있을 아기천사를 떠올리니 벌써 녹는다, 녹아.

처음에 수용이가 세 아들 가운데 둘째라는 말을 들었을 때가 생각난다. 이때 내 입에서 튀어나온 말. "아들 세엣?" 놀라서 말꼬리가 하늘로 치솟았다. 엄마도 대장부여야 했을 터. 얼마나 고군분투했을지 대한민국 엄마라면 모두 알 게다. 조막만 한 아기를 키우며 굽이굽이 건너온 인생의 사계절. 이 끝에서 새로운 가족, 새로운 문화, 새로운 사랑을 껴안으며 볼 꽃을 피운다. 처음 맞이하는 새 식구로 인해 마음에 뜬 날씨는 설렘 주의보.

어느덧 저녁이다. 마당이 보이는 베란다에서 상차림을 돕는다. 숯

불에 달군 솥뚜껑에 소고기가 지글지글 맛난 소리를 낸다. 우리를 위해 준비하신 오이지, 죽순나물, 양파 피클, 묵은지 참기름무침, 갓 담은 김치. 우리가 준비해 간 회까지. 한 상 차려진다. 직접 담근 진하디진한 복분자주도 한 잔 겸해.

흔들 그네 뒤로 붉은 노을이 산을 넘어간다.

*잔바람: 잔잔한 바람
*햇무리: 해의 둘레에 둥글게 나타나는 흰빛의 테
  햇빛이 대기 속의 수증기에 반사되어 생긴다
*벙싯벙싯: 소리 없이 입을 크게 벌리며 부드럽게 자꾸 웃는 모양
*달보드레하다: 약간 달큼하다

2024. 6. 5.

장미의 계절

초원갈비 진달래 1호실. 문을 열고 들어선다. 먼저 도착한 딸과 수용이가 일어나서 우리를 맞이한다. 남편과 아들과 나를. 장미꽃 한 다발과 이쁜 보자기로 장식한 떡 상자를 수용이가 불쑥 내민다. 요즘은 이런 선물하는 거니? 물으며 처음 맞이하는 상황에 배시시 흘러나오는 웃음. 새 식구를 맞이한다는 것이 이런 기분인가. 4년째 보는 얼굴인데 오늘따라 기분이 요상하다. 수용이가 결혼 승낙을 받고자 딸과 함께 마련한 자리이기에.

갈비탕을 시키는 찰나. 둘이 머리 맞대고 만들었다며 무언가를 내민다. 예상치 못한 종이를 받고 화들짝 놀라며 적힌 내용을 훑어 내리기에 바쁘다. '2024년 11월 초 결혼 시 예상 자금'이라고 적혀 있다. 현재까지 모은 돈과 1년간 모을 수 있는 금액을 상세히 적어놓았다. 첫 장에는 유나와 수용이의 예금 목록을. 둘째 장에는 결혼식 비용과 집 마련에 지출할 비용을. 결혼하려고 단단히 계획했나 보다.

결혼식, 신혼여행, 신혼집으로 나눈 세 가지 지출사항. 항목마다 필요한 예산을 구체적으로 써 놨다. 부모가 도와주지 않아도 둘이서 충분히 결혼할 수 있다는 의지가 담긴 계획서다. 남편은 여행할 때 계획표 짜는 걸 즐거워한다. 남편 마음에 아주 쏙 들은 듯하다. 평상시에도 수용이와 남편 성향이 아주 비슷하다고 생각했는데.

둘이서 조목조목 알아봤겠지. 요즘 추세에 맞춰서. 연신 웃음이 나온다. 코로나 이후로 결혼식장은 1년 전에 예약해야 원하는 날에 결혼할 수 있다. 어제 딸이 분주하게 움직이더니 오늘 우리 만날 준비하느라 바빴나 보다. 연신 함박웃음이 터진다. 계획한 게 기특해서라도 결혼을 승낙하지 않으랴.

다른 지역에서 근무하는 수용이는 주말마다 우리 집에 놀러 온다. 얼굴을 자주 봤음에도 결혼 승낙을 하는 자리라고 하니 식당 공기가 다르다. 식사를 다 마치고 남편이 수용이에게 귀띔한다. 꽃다발과 떡은 받았는데 우리가 아직 승낙을 안 했지 않냐고. 1초도 망설임 없이 날개를 달고 날아오는 한 문장. "결혼을 승낙해 주십시오." 사랑하는 여인을 달라는 청년의 얼굴이 태양처럼 빛난다. 나는 웃고 또 웃다가 "으, 으, 응" 대답했다.

결혼식장은 언제 알아볼 건가. 형이랑 동생은 여자 친구가 없는가. 집은 어디다 구할 건가. 이미 다 알고 있는 내용을 시치미떼고 묻는

나. 아, 내가 장모님이 되는 거구나. 벌써 사위를 맞이할 나이가 되다니. 화살촉같이 빠른 세월에 고개를 갸우뚱. 남편도 여태 느껴보지 못한 감정이었는지 껄껄껄 웃는다. 창밖에서 장미꽃이 얼굴을 쑥 내밀고 함께 웃는 듯하다.

28년 전 추억이 햇살에 반짝거린다. 남편이 수유리 우리 집에 결혼 승낙을 받으러 온 날이. 부모님을 처음 뵙는 자리였다. 길가, 담벼락에 핀 장미꽃이 남편을 맞이했다. 남편이 과일 바구니를 들고 현관을 들어서던 모습이 어렴풋하다. 건축기사라는 게 맘에 안 들어 부모님께서는 벼르고 계셨다. 어디 두고 보자 하시면서. 건설 현장을 돌아다니며 근무해야 하는 직업이 맘에 안 드셨던 게다. 더구나 고향이 전라북도였다. 결혼하면 딸을 지방으로 보내야 하니 여간 탐탁지 않게 여기셨으리라.

아빠가 조목조목 물으셨다. 부모님은 뭐 하시는지. 결혼하면 집은 몇 년 뒤에 장만하려는지. 형제는 어떻게 되는지. 전주는 언제 내려갈 건지. 한 시간 가깝게 이어지는 대화에 남편은 계속 무릎 꿇은 채 대답했다. 자세가 흐트러지지 않은 모습에 진심을 느끼셨는지 아빠는 매우 흡족해하셨다. 어른 앞에서 한결 공손한 모습에 이 사람이면 내 딸 줄 수 있겠다 싶으셨던 게다.

까마득한 옛적. 그럼 그렇지. 내가 사람 잘 골랐지. 되뇌던 그때. 영원히 함께하고자 마음먹고 부모님께 인사를 드린 날이 오늘과 포옹한다. 뜨거운 태양과 몰아닥치는 폭풍 속에 서서, 깊어가는 여름 장맛비도 맛보며 네가 여기 서 있구나. 흔들리는 우주에 맞서며 인생을 키워내는 몫. 이제 혼자가 아닌 둘이다. 매서운 겨울도 이겨낼 수 있는.

 그때, 그 시절, 그 순간이 장미로 다시 피어난다.

2023. 7. 3.

마음 걷기

어머니를 모시고 대자인 병원 비뇨기과를 찾았다. 의사 선생님이 먼저 소변검사를 하고 오라고 한다. 멀리 떨어진 채혈실로 향하는데 어머니께서 화장실이 급하신가 보다. 화장실에 들렀다가 채혈실로 갔는데 들려오는 말. 굳이 채혈실로 오지 않아도 되는 거였다고. 비뇨기과에서 검사해도 되는 거였다고. 순간 화가 뻗친다. 거동이 불편한 환자에게 설명을 잘 해줘야 하지 않느냐며 언성을 높였다.

직원이 소변 담을 용기를 다섯 개나 꺼낸다. 방금 화장실에 다녀왔는데. 저걸 어떻게 다 채울까. 환자 이름을 소변 용기에 붙이는 찰나, 어머니께서 또 화장실이 급하다며 나를 보채신다. 얼굴에 잔뜩 주름 꽃이 피었다. 어머니와 직원, 동시에 들려오는 소리를 마주하니 목소리가 높아진다. 빨간 경고음이 들리지만, 경주마는 이미 입 밖으로 튀어 나간다.

　감정을 입 밖으로 배설하는 상황을 마주하면 적잖이 당황한다. 무더운 날씨 때문일까. 굳이 채혈실까지 안 와도 된다는 말 때문일까. 병원에 머문 30여 분 동안 화장실을 두 번이나 모시고 다녀와서일까. 좁디좁은 화장실에서 휠체어 방향을 바꾸는 것이 짜증 난 것일까. 지뢰는 어느 지점에서 터진 것일까. 며칠 전에 생긴 상한 감정 때문일까. 점으로 시작한 눈덩이를 쉼 없이 구른다. 쇠똥구리처럼.

　캄캄한 내면세계에서 약점이 드러나는 순간, 이때부터 두 번째 화살이 나를 쏘아댄다. 『새는 날아가면서 뒤돌아보지 않는다』에서 류시화는 말한다. 첫 번째 화살과 두 번째 화살에 대해서. 첫 번째 화살은 실제로 일어난 사건이고 두 번째 화살은 이미 일어난 사건에 대한 감정적 반응이라고. 느닷없이 닥친 상황에서 첫 번째 화살을 맞으면 고통스러운 감정을 잘 돌봐야 한다고. 그런데 두 번째 화살을 자신에게 쏨으로써 자기혐오라는 감옥에 가두는 경우가 많다고.

　언성 높인 것에 대해서 내 속에 두 번째 화살을 쏘아대는 나. 그래, 넌 결국 이런 사람이구나. 직원이 널 보고 어떻게 생각했겠니. 아무리 선한 마음으로 어머니를 모시고 병원에 왔지만, 본성이 어디 가니. 요즘 말을 함부로 하더니 오늘도 잘한다. 일이 결국 터지는구나. 내 속에서 두 번째, 다섯 번째, 열 번째 화살을 쏘고 있다.

　저녁 8시, 하루를 정리하는 맨발 걷기. 자신에게 쏘는 두 번째 화살을 멈추니 불현듯 한 생각이 떠오른다. 나는 누군가에게 첫 번째 화살이 되지 않았던가. 병원 직원에게도 첫 번째 화살을 쏘아댔구나.

가슴 아프게 한 얼굴들이 하나, 둘 밤하늘별처럼 떠오른다.

저 깊은 곳에 숨어있는 부정적인 경험과 쓴 뿌리. 이것들은 자신의 힘이 좀 세졌다 싶을 때 첫 번째 화살을 쏘아댄다. 살금살금 다가와서 기웃거리다가 단숨에. 자신도 모르게 내 속에서 튀어나오는 첫 번째 화살. 화살을 쏘자마자 따뜻한 공기가 서늘해지는 온도 차이 때문에 심장은 꽁꽁 언다. 이 속에서 괴로움에 자기혐오라는 두 번째 화살이 탄생한다.

흙과 맞닿은 걸음을 딛으며 쓰러진 나를 다독인다. 일곱 번 넘어져도 여덟 번 일어나라는 노래도 있지 않던가. 잘못한 것은 반성하고 더 나은 사람이 되기로 작정하는 것. 내일은 오늘보다 훨씬 좋은 사람이 되기로 소망하는 것. 이 다짐이야말로 성장의 지름길이다. 더 늦은 때는 없다. '이 일이 내게 일어나지 않았더라면'이라는 원망이 아니라, '지금 일어나서 나를 고칠 수가 있구나.' 마음먹을 수 있다.

절벽으로 떠미는 '내 속의 나'에 대해서 뻔뻔해지기. 나쁜 마음은 모른 척하는 게 최고의 명약이다. 모른 척하면 달아난다. 칼릴 지브란이 말했던가. "함께 있으되 거리를 두라. 그래서 하늘, 바람이 너희 사이에서 춤추게 하라" 내 안의 나와도 함께 있되 거리를 둬야 한다.

나는 사랑하기로 한 사람이다. 부족하지만 완전한 사랑을 닮아가고자 하는 사람. 인간은 모두가 불완전한 존재라는 것을 인식해야겠다. 이럴 때 내 부족함도 매울 수 있다. 모두가 불완전한데 무엇 때문에 자신에게 화살을 쏘아야 하는가. 자신과 화해하는 시간이 필요하다. 사랑하기로 작정한 자. 이 말을 반복적으로 되새겨야겠다. 좋은 인격을 형성해가는 과정. 사람이 되어가는 과정. 사랑의 완성도가 높은 삶을 살기로 작정하는 것. 이 모든 것이 삶의 경험으로 얻은 결론이다.

한 발자국, 한 발자국 마음으로 걷는 시간. 나는 바람에 춤추는 나무가 되었다.

2023. 6. 22.

어머니의 레퍼토리

날이 밝았다. 태양이 뺨을 어루만진다.

  급하게 아침 식사를 하고 예수병원으로 향한다. 어머니 치과 진료가 있는 날. 치과에 들어서니 어머니께서 앓는 소리를 하신다. 아파 죽겠으니 이 좀 빼달라고. 오늘은 이 빼는 날이 아니라 진료만 하는 날이라고 그렇게 말씀드렸음에도 소용없다. 큰소리치면 들어주는 시골 병원도 아닌데.

  환자가 밀리지 않아 금방 의사를 만났다. 의사가 엑스레이를 보더니 갑자기 골다공증 검사를 해야 한단다. 골다공증 수치가 낮으면 회복이 안 될 수 있다고. 상황이 안 좋으면 전북대 치과로 가야 한다고. 최악의 경우를 말하는 의사로 인해 살짝 겁이 난다. 생각해보니 어머니는 아침을 드시고 오셨다. 골다공증 피검사를 하려면 8시간 금식을 해야 한다는데. 고민 끝에 집에 가서 쉬시다가 오후 3시에 검사하기로 했다.

병원을 나서는데 딸에게서 연락이 온다. 집에 몇 시에 도착하느냐고. 남자친구 수용이를 할머니께 인사시킬 셈인가 보다. 어머니는 예비 손주 사위를 볼 생각에 들뜨셨다. "암, 내가 딱 보면 알지. 사람 좋은지 안 좋은지. 인상 보면 다 알아." 축구경기 심판처럼 확고하게 말씀하신다.

말 많은 거 싫고 까부는 성격은 싫다고 하시는 어머니. 장난삼아 여쭌다. 며느리는 맘에 드시냐고. "몰라. 며느리가 둘이 있냐. 셋이 있냐. 난 너밖에 몰라." 같은 질문에 항상 똑같이 대답하시는 어머니. 늘 웃게 하는 주제다.

딸이 현관문을 열고 맞이한다. 수용이가 거실 입구에서 어머니 손을 부축한다. 소파에 앉으신 어머니 앞에 나란히 선 두 명. 선물로 준비한 롤케익을 드리면서 수용이가 인사드린다. 어머니께서 보이시는 반응 앞에 코끼리 귀 펄럭이듯 모인 네 명. 예비 손주 사위를 향한 점수가 이 한마디로 전해졌다. "야무네." 야무지게 생겨서 맘에 쏙 든다는 뜻이다. 딸에게 미소가 번진다.

딸이 할머니께 여쭌다. 엄마가 연애하던 시절, 할머니께 인사하러 왔을 땐 맘에 드셨냐고. 내가 가로채려 하니 어머니가 앞장서서 레퍼토리를 읊으신다. 병원에 입원하실 때마다 동료 환자에게 방송하시듯 말씀하시던 이야기. 귀에 딱지가 붙을 정도로 많이 들은 이야기.

느그 엄마가 우리 집에 오기 전에 영철이가 말했어. 엄마! 다 좋은데 덧니가 있고 많이 말랐어. 그것만 빼고 봐. 그 얘길 들어서인지 덧니랑 마른 것만 보여서 맘에 안 들었어. 그런데 교회에 데리고 가니, 동네 사람들이 어쩜 그렇게 좋은 각시를 얻었냐고 해서 내가 맘을 고쳐먹었지. 이 빼는 과정이 순탄치 않은 가운데 어머니의 레퍼토리가 이어진다.

경기도에서 근무하는 수용이는 주말마다 우리 집에 온다. 얼마 전 경기도에서 전주로 발령받았다. 퇴근하면 밖에서 외식하지 말고 우리 집에 와서 먹으라고 했다. 날마다 저녁밥을 같이 먹다니. 처음엔 살짝 고심했다. 아! 아들이 하나 더 생겼구나. 언뜻 스치는 따스한 바람을 붙잡았다. 학교에서 수업을 마치고 집에 돌아와 상 차리는 것이 일상이 되었다. 심장에 생명이 고동치는 순간이다.

작년 이맘때가 떠올랐다. 또랑또랑. 그때 너는 뭘 먹어도 다 쏟아냈잖아. 그렇게도 좋아하던 포도인데 한 알도 소화 못 시켰잖아. 어떻게 이럴 수가 있냐며 원망 어린 마음으로 하늘을 바라봤잖아. 제대로 앉아있지 못했잖아. 인생을 살다 보면 대본에 없는 일이 어디 한 가지뿐이니? 그때마다 좋은 마음으로 돌이키고 돌이키다 보면 보석을 발견하게 될 거야. 바다를 걷는 것이 기적이 아니라 땅을 걷는 것이 기적이라고 어느 작가가 말했잖아.

내 삶에 여유가 생겼다는 증거일까. 어쩌면 스물여섯 살 시집올 무렵이 마음에 물들어서인 것 아닐까. 까마득하여 잊고 있던 시간이다. 아무것도 할 줄 모르던 나. 도마 위에서 펼쳐지는 어머니의 음식 세계를 바라보며 다짐하곤 했다. 잘 배워서 나중에 나도 맛있는 음식을 해 드려야지. 시간이 흐르고 흘러서 이제 부모님과 함께 식사하는 것. 횟수가 다섯 손가락 안에 못 든다.

딸과 수용이와 함께하는 저녁 식사. 모든 사람이 겪게 될 생애가 병풍처럼 펼쳐져서일까. 애잔함이 오히려 말할 수 없는 기쁨이 되어 두드린다. 두 명에서 세 명으로 네 명으로 가족이 불어나고 남편과 나는 조금씩 아프기 시작할 터. 내가 차려주는 밥을 딸 부부와 함께 먹는 것 귀한 일 되리라. 오늘이라는 시간에 등잔불을 켠다. 언젠가는 거동이 불편할 때가 올 것이니. 주어진 일을 조금 더 포용하고 충만한 오늘에 감사하고 싶다.

시댁에 갈 때마다 요술 부리듯 맛난 밥상을 차려주신 어머니. 나도 그 모습을 따라가고 싶다. 어머니의 레퍼토리를 이어가는 내가 보인다. 다시 찾아온 저녁. 주방에 자리한 밥솥에서 맛있는 밥이 완성되었다는 소리가 들린다.

저녁노을이 수줍게 물드는 가운데 밤을 향해 달린다.

2023. 5. 30.

마음의 소리

명절이다. 연휴 첫날 아침, 부침개에 들어갈 재료를 썬다. 남편과 아들딸은 신문지를 바닥에 깔고 전기 프라이팬 앞에 둘러앉는다. 산적에 묻힐 달걀을 건네고 주방에서 계속 반찬을 만든다. 아옹다옹 뒤에서 들려오는 식구들의 대화에 잠시 너는 웃는다.

두부조림, 취나물 볶음, 생채, 호박 들깨탕, 찰밥, 잡채, 시래깃국, 갈비 등등. "할 게 너무 많잖아" 머리가 멍멍하다. 그래도 집에서 명절 치르는 것이 15년 차니, 꽤 침착해 보인다. 정신없지만 차근차근 요리를 해낸다. 한 번씩 전기 프라이팬 쪽으로 가서 부침개를 맛본다. "고추전이 너무 두껍잖아." 아들딸에게 건네는 잔소리. 눈앞에서 펼치는 광경이 너무나 사랑스럽다. 힘들지만 가족과 함께할 수 있는 감사한 일상이기에. 몸이 부서지듯 일하니 하루가 간다.

설날 아침, 남편이 요양병원에서 생활하시는 부모님을 모시고 집에 온다. 명절에 집으로 모시는 게 3년만. 그동안 코로나 전염병으로 인해 부모님의 외출이 어려웠다. 남편은 부모님과 명절을 보내는 것이 너무 좋아서 들뜬 상태. "아버지가 드실 게 없나?" 남편은 아버지께 드릴 요깃거리를 찾는다. 이때 너는 속으로 중얼거린다. '이가 없으시니 많은 음식 가운데 뭘 드실 수 있을까.' 순간 냉장고를 열던 남편이 외친다. "아! 요거트가 있네." 며칠 전 만들어 놓은 요거트가 있다는 걸 깜빡 잊었다. 얼마 전 스프링처럼 튀어 오른 생각을 슬그머니 지우개로 지운다. 아주 조용히.

잠시 후 시누이 가족이 들이닥친다. 스무 명가량이 모이니 시끌벅적. 아이들은 어른에게 번갈아 가며 세배한다. 덕담과 함께 세뱃돈도 오간다. 껄껄껄! 넘쳐나는 웃음소리와 자리를 차지하고서 떠는 수다. 정신없을 수도 있건만 오히려 평온함을 느낀다. 앞으로 부모님께 명절에 차려드릴 밥상이 몇 번이나 남았을까 생각하면서. 앉아있을 틈도 없이 곧 점심을 차리느라 분주히 움직인다. 싱크대 안쪽에 쟁여놓았던 접시를 식탁 위로 꺼낸다. 상 차리는데 손발이 척척. 형님들은 매번 해왔듯이 반찬을 접시에 담는다.

한 끼만 드시고 가신다고 해서 준비 안 해도 되는 음식은 없다. 상다리가 부러지게 차린다. 어머니께서 깔끔하게 잘 차렸다고 하신다. 반찬이 입맛에 잘 맞으셨는지. 어머니의 후한 점수에 기쁨의 물결이 일렁거린다. 반찬을 만들면서 계속 간을 보느라 너는 입맛을 잃었고 무얼 먹어도 맛이 없다. 다만 활기찬 분위기에 힘을 얻는 듯.

밥상을 치우는데 아이들이 한 몫을 한다. 조카들이 설거지를 함께 하면서 주방에서 부대끼는 모습이 참 따스하다. 이번에는 조카며느리까지 왔다. 조카며느리를 맞아들일 나이가 되다니. 기저귀를 차던 코흘리개 조카가 사춘기 시절. 가출을 몇 번 한 적이 있다. 남편은 조카를 사랑하는 마음에 뺨을 때렸다. 그날의 기억은 조카와 함께 두고두고 웃으면서 이야기하는 추억거리. 이제 조카는 번듯한 직장을 다니는한 가정의 가장이 되었구나. 인생이 자라나는 과정이 한눈에 펼쳐진다. 열매를 맺기 위해 추운 겨울을 잘도 이겨냈구나.

모두 모여 윷놀이를 한다. "도 나와라. 도, 도, 도." 외치다 보니 소리가 커진다. 탄성과 한숨이 번갈아 들린다. 다른 날 같으면 아랫집에서 시끄럽다고 할 텐데. 명절이니 눈치 볼 것도 없다고 생각한다. 다음에는 닌텐도 게임을 한다. 여섯 명이 텔레비전 화면 속으로 빠져든다. 리모컨을 들고서. 광경을 바라보자니 흐뭇한 웃음이 나온다. 남편도 끼어들어, 함께 하하 호호! 웃으며 소리 지른다. 2시간이 넘도록.

막내 고모부는 찰밥이 맛있는지 싸달라고 한다. 양을 넉넉히 쪘기에 흔쾌히 답한다. 잡채는 덤으로 준다. 큰 형님에게는 산적을 싸드린다. 음식은 자고로 나눠 먹어야 더욱 행복한 것을 너는 이미 알고 있다. 수고함으로 온 식구가 배불리 먹고 즐겁게 보내는 오늘이라는 하루.

모두 집으로 돌아가고 저녁 식사를 차리면서 외친다. '아! 나도 누군가 해준 음식을 먹고 싶다.' 자신이 만든 음식을 거부하는 마음의 소리를 들었는지 결국 너는 그동안 먹은 것을 쏟아낸다. 3일 동안 그 많은 일을 해내느라 몸도 고달팠을 텐데. 네가 안쓰럽지만 참으로 고맙다.

침대에 쓰러져서 창문으로 비치는 달빛을 포옹한다.

2023. 1. 29.

감자탕

"나는 누구? 여기는 어디?"

  내게 절대 갱년기는 없을 거라고 장담했다. 불같은 고통의 시간을 지나왔기에. 길 위에서 만난 새로운 질병으로 정신은 아득하기만 하다. 마치 안개 속에서 허우적대듯. 나는 누구인가? 계속되는 질문에 정체성은 먼지처럼 흩날린다.

  심리학에서는 나에 대한 모습이 네 가지가 있다고 한다. 전문용어로 '조하리의 창'이라고 부른다. 나도 알고 남도 아는 나, 나는 알지만 남은 모르는 나, 나는 모르고 남이 아는 나, 나도 모르고 남도 모르는 나. 네 가지를 조목조목 들여다보니 대체 내가 누구인지 모르겠다. 여태껏 스스로 늘 당당하고 자신감이 넘쳤는데. 허우적댈수록 더 헤쳐 나오지 못하는 늪. 늪에서는 내가 세상에서 가장 불쌍한 존재다.

대학 1학년, 심리상담 수업시간에 무의식에 대해 만났다. '무의식, 그까짓 거 정신만 바로 차리면 되지 뭐가 문제야.' 중얼거린 기억이 난다. 늪에 빠지니 어린 시절 억압받았던 모든 것은 거인이 되어 나를 무너뜨리려 한다. 일어서고자 지난날 나의 이미지를 떠올린다.

나는 영화 속 대사 한 마디만으로도 감성 넘치는 관객. 책을 좋아해서 힘겨울 때 한 줄 글만으로도 위로받는 독자. 지인과 카페에서 느긋하게 커피 마시며 시간 가는 줄 모르고 수다 떨던 한 명의 친구. 치명자산을 유유히 홀로 오르며 가을을 오롯이 만끽하던 등산객. 세 시간 넘도록 감자탕을 끓여 가족의 입을 즐겁게 하는 주부. 쉰에 공부를 시작한 열정적인 대학생. 이 모든 모습이 무너지니 자신이 너무 낯설다. 타인을 마주하는 순간이다.

"나는 내가 아무것도 모른다는 것을 안다"라고 소크라테스는 말했다. 인간의 지식이 얼마나 초라한 것인가를 깨닫게 하는 말이다. 무한한 우주 안에서 인간은 유한한 존재이기에. 여태껏 나를 가장 잘 안다고 생각했다. 스스로 정해놓은 선과 악을 기준으로 길을 갔다. 선택한 것이 옳다고 생각하면서. 몸이 연약하니, 지금껏 살아온 방식과 즐거워하던 것이 아무 의미가 없어지는 요즈음. 자신이 더욱 낯설다.

질병이 문제일까. 마음이 문제일까 생각에 생각을 거듭한다. "은미야! 네가 하는 말을 온몸이 듣고 있어." 마음 깊은 곳에서 낮은 목소리가 들린다. 몸이 아픈 건 이제까지 쌓였던 생활 습관의 결과니 당연한 거야. 희망을 잃지 않으면 모든 것은 나아질 테니까. 겁먹고 두려워하는 마음과 절망, 이 부정적인 모든 생각을 몸은 스펀지처럼 빨아들이고 있어. 건강을 회복하지 못하는 이유가 바로 여기에 있는 거야. 희망을 버렸기 때문이지.

7년여 만에 함께 신앙 생활했던 현 권사님을 만났다. "은미야! 네 집에서 감자탕도 먹었잖아." 현 권사님이 무심코 한 말에 귀가 쫑긋했다. 기억나지 않는 20년 전 내 모습을 전해 들으니 뭔지 모르게 반갑다. 유난히 감자탕을 좋아한다. 우리 집에서 목장 모임이 있으면 감자탕을 자주 끓이곤 했다. 내가 만든 감자탕을 먹어본 이야말로 진정한 친구라고 장담할 정도이니.

아주 어렸을 적부터 아빠는 등산을 좋아하셨다. 새벽녘에 집을 나서서 3시간 정도 등산하셨다. 어느 날 아빠는 산에 같이 가자고 하셨다. 적적하셨는지. 맛있는 것 사주신다는 말에 홀려 정릉으로 따라나셨다. 한 시간 지나 산 중턱 허름한 음식점에 다다랐다. 모락모락 김이 나는 뚝배기 한 그릇이 나왔다. 국물 한 수저 후후 불어 입에 넣는 순간 꼬마는 마음을 홀딱 빼앗겼다. 마법에 걸리듯. 뚝배기의 정체는 다름 아닌 감자탕이었다. 꿀맛이 따로 없었다.

우거진 나무 사이. 아빠와 함께 테이블에 앉아서 뚝배기를 바라보는 풍경. 태어나서 처음 맛본 감자탕에 웃는 꼬마. 이 추억이 나를 배부르게 한 걸까. 나를 행복하게 만든 감자탕을 사랑하는 사람에게 만들어 주고 싶었을까. 행복한 가정도 이루었고 작가의 꿈도 이뤘건만.

무엇이 잘못된 걸까.

다시 꿈을 재설정해야 할 때다. 꿈과 희망이 사라지면 살았어도 죽은 것이나 다름없고 이미 노인이라 했다. "사람이 정신으로 병을 이길 수 있다지만, 정신이 꺾이면 누가 그를 일으킬 수 있겠는가?" 잠언 말씀이 떠오른다. 예전에는 마음이 아픈 이를 이해하지 못했지만 내가 아프니 조금이나마 알 수 있다.

글 쓰는 것에 대해서도 무력감을 느끼던 가운데 에세이문예 여름호를 받았다. 내 글이 실린 책이 나오다니. 까마득하게 도망간 설렘이 꽃피어 나를 웃게 한다. 쿵쾅쿵쾅 심장이 말하는 듯하다. "살아있는 건 이런 거야." 머리가 백발이 되어 에세이문예 표지모델이 된 미야 작가를 상상한다.

오랜만에 감자탕 한 냄비 끓여야겠다.

2022. 6. 18.

3 부

더 시간 끌면 너만 손해야. 냄새는 밖으로 나가게 되어있지. 뾰족한 마음 둥글려서 다시 문을 열어라.
상한 마음을 꺼내어 햇살의 손가락에 내여 맡긴다.
결국.
- 「계단 아래로」 가운데

인생의 회전목마

 부모님은 공부 잘하는 오빠와 놀기 좋아하는 나를 차별 대우하셨다. 사춘기 이전부터 매정한 말로 이렇게 쏘아붙이셨다. "얘는 아무데도 쓸모가 없어" 엄마에게 자주 듣는 이 말을 중학교 1학년 때 이모들 앞에서도 들었다. 쥐구멍에라도 들어가 숨고 싶었다. 이내 수치심이 고개를 내밀었다. 자존감은 사라지기 시작했고 굉장히 내성적인 성격으로 변하였다. 또 낯선 환경을 매우 싫어하는 사람으로 자랐다. 교실에서 일 년 내내 말을 하지 않는 아이가 한 명씩 있다면 그 아이가 바로 나였다. 다른 사람과 관계를 맺는 것이 굉장히 힘들었다. 늘 심리적으로 눌려있기에.
 인문계 고등학교를 지원하는 친구가 부러웠다. 가정 형편이 어려워 상업계 고등학교에 진학했다. 공부를 잘하면서부터 부모님은 예전과 달리 나를 어마어마하게 떠받들었다. 예민한 사춘기 시절 혼란스러움 자체였다. 공부를 잘해야 귀한 사람이라니. 부모님 사랑이 이리도 얕다니. 배신감은 번쩍거리는 칼날같이 나를 찔렀다. 성적이 상위권에 드니 졸업도 하기 전에 취직이 확정되었다. 월급을 타면 교통비와 식사비를 빼고 부모님께 전부 드렸다. 빚을 지고 집을 샀으므로 직장생활하는 내내 월급은 빚 갚는 데 보탰다. 대학생인 오빠에게 가끔 용돈도 주기도 하면서.

아무 데도 쓸모가 없다는 말은 가슴 한쪽에 숨어있다가, 부메랑처럼 날아와 끊임없이 상처를 주었다. 결혼해서도 늘 삶 가운데 의욕이 없고 그날이 그 날이었다. 하루가 지루했고 게을렀다. 아무것도 하고 싶은 게 없었으므로. 어느 날 문득 내 인생의 절반까지 아무 의욕 없이 산다는 것이 너무 끔찍하게 느껴졌다. 평상시 늘 품고 있던 생각이 있다. 잘 죽어야 한다. 이렇게 하려면 반대로 잘 살아야겠다고 생각했다.

마흔쯤 이르렀을 때 미래에 대해 생각하며 꿈을 꾸기 시작했다. 하지만 전혀 의도하지 않았고 원치 않았던 질병을 만났다. 끊임없이 삶과 죽음 사이에서 고뇌했다. 마치 용광로를 통과하는 듯한 통증의 터널 속에서. 어느 날 가시 한 조각이 나타나 머릿속을 예고 없이 찔러댔다. 힘없이 널브러져 흐느끼는 것만이 내 몫이었다. 고통을 잊고 아픈 원인을 찾으려고, 아니 살려는 돌파구를 찾으려고, 도서관을 찾았다. 제럴드. L. 싯처의『하나님이 기도에 침묵하실 때』, 팀 켈러의『고통에 답하다』, 존 번연의『천로역정』, 토마스 아 켐피스의『그리스도를 본받아』를 숨 가쁘게 읽어 내려갔다. 이 책을 읽고 헤아릴 수 없는 위로를 크게 받았다.

책을 통해서 알았다. 고통은 나만 겪는 것이 아님을. 책은 아픈 시간이 절대 무의미하지 않다고 말해 주었다. 위인이 쓴 책은 내가 존재하는 이유를 알려 주었다. 삶은 아름다운 것이라면서. 질병이 생긴 원인을 깊이 되짚어 보았다. 어린 시절 부모님께 인정받지 못해 생긴 부정적인 자아상이 그림자처럼 달라붙어 있기 때문이었다. 누구의 탓도 아니었다.

죽음 앞에 서 있으니 부모님을 향한 원망도 어리석은 것임이 드러났다. 어렸을 적 기억이 스쳤다. 사시사철 구슬치기, 땅따먹기, 다방구 놀이로 온 동네를 뛰어다니며 놀고 있으면 들려오는 엄마 목소리. "미야! 미야! 들어와서 저녁밥 먹어." 엄마는 "은미야!"라고 부르기보다 애칭으로 "미야!"라고 자주 불렀다. 절망 앞에서 새벽마다 울고 있는 나를 다독이며 엄마 목소리를 떠올렸다. '미야'라는 애칭에 뜻을 붙였다. 아름다울 '美', 새벽 '夜', 이름하여 아름다운 새벽이란 의미이다. "미야! 절망하지 마. 지금, 이 시간이 지나면 곧 아침이 올 거야."

벽을 향해 돌아누워 지새우는 밤. 눈감아도 시간을 알 수 있는 달빛이 스며드는 새벽 3시. 스위치 하나로 쉽게 환해지는 방처럼 흑암 가득한 마음에도 동이 트고 샛별이 떠오르기를 간절히 바랐다. 이 새벽이 대학까지 오게 했기에 오늘이라는 시간이 더욱 감사하다. 이제야 선물 같은 하루에 열정을 쏟을 수 있게 되었다. 주어진 오늘을 사랑하게 되었다. 부모님께 받고 싶었던 사랑만큼. 하늘만큼 땅만큼.

베란다에서 빨래를 널고 있는데 피아노 학원에서 연주 소리가 들려온다. 귀에 익은 〈하울의 움직이는 성〉 주제곡이다. 더 좋은 실력을 쌓으려고 연주하는 아이의 열정이 고스란히 전해진다. 덩달아 영화의 첫 장면이 스친다. 여주인공이 골목길에서 어둠의 세력으로부터 쫓기고 있다. 위태한 순간, 하울이 나타나더니 그녀를 잡고 붕 뜨기 시작한다. 하늘을 걷는 것이다. 이때 나오는 음악이 주제곡 〈인생의 회전목마〉이다. 웅장한 음악과 구름 위를 걷는 장면은 심장을 두근거리게 한다. 인생의 회전목마. 영화 음악 하나로도 위로받는 오늘 이 하루가 참 근사하다.

두둥실 떠다니는 구름을 바라보며 헤벌쭉 웃는다.

*헤벌쭉: 입속이 훤히 들여다보일 정도로 넓게 벌어진 모양

2021. 10.

미로 찾기

서울에서 1남 1녀 가운데 막내로 태어났다. 그 당시 기준으로 흔치 않게 핵가족으로 생활했다. 친구들은 적어도 3형제나 4형제였으므로.

상업고등학교를 졸업하고 증권회사에 취직했다. 시간을 다투며 계산하는 증권 업무를 따라가지 못했다. 문과 성향이 충만한 기질이기에 날마다 울며 출근했다. 4년을 버티다가 결국 사표를 냈다. 좋은 회사를 그만두는 안타까운 소리를 뒤로한 채. 사표를 쓰고 다른 곳에 곧 취직될 줄 알았던 생각은 착각이었다. 직장을 구하느라 마음은 타들어 갔다. 6개월 동안이나.

어느 날, 길을 가다가 우연히 만난 고교 동창 형주. 형주는 사정을 듣더니 자신이 다니는 회사에서 직원을 구한다고 했다. 집에서 더 놀

수 없었다. 울며 겨자 먹기 식으로 형주가 소개해 준 건설회사에 들어갔다. 월급이 증권회사 급여 3분의 1 정도여서 성에 안 찼지만.

전주에 본사를 둔 회사였다. 내가 있는 서울지사에서 청량리 경찰서 공사를 수주했다. 청량리 경찰서 공사 현장 한쪽에 들어선 임시 건물. 그곳에서 근무하기 시작했다. 본사에서 현장에 필요한 건축기사를 파견했다. 건축기사가 문을 열고 들어오는 첫날. 그의 뒤에서 대낮에 떠오른 태양이 눈부시게 빛났다. 시골스러운 복장과 머리 스타일을 태양이 가려줬다. 그와 책상을 마주 보고 근무하다가 우리는 눈이 맞아 결혼했다.

결혼과 동시에 수도 서울에서 시골 전주로 이사했다. 더불어 생활 환경 또한 핵가족에서 대가족으로 바뀌었다. 남편은 1남 3녀 가운데 셋째다. 태어나서 만 25년 동안 나를 둘러쌌던 모든 것이 바뀌었다.

시댁 식구에게는 이해할 수 없는 이상한 문화가 있었다. 모여서 하룻밤을 자고 나면 꼭 아침 6시경에 목욕탕에 가는 것이다. 목욕탕을 가자고 하면 새댁인 나는 절레절레 고개를 흔들며 부끄럽다고 사양했다. 가족이 목욕탕에서 돌아올 때까지 일부러 잠을 잤다. 가스 불에 돌솥을 올려 밥을 지어본 적이 없었으므로. 게다가 그때는 잠도 엄청 많았다. 목욕한 후 가족이 우르르 현관문을 열고 들어오면 그때 일어나 아침 식사를 도왔다. 밥해놓기를 원했을 시누이들 눈치가 보이기 시작했다. 나는 부끄러워하는 것을 포기하기로 했다. 똑같은 상황이 몇 번 계속되었다.

어느 날부터 아침 일찍 일어나 바구니에 세면도구, 때수건 등을 챙겨 목욕탕으로 같이 갔다. 목욕탕 입구에서 15명이나 되는 대식구가 목욕비를 내고 남탕과 여탕으로 갈라지는 모습이란, 당시 내게는 너무나 기괴하고 웃긴 장면이었다. 시간이 지나면서 인원은 점점 늘어났다.

시댁 식구는 우리 집에 자주 놀러 왔다. 아이 둘 키우는 것도 힘든데. 밤이면 장롱 가득 차지한 침구를 남김없이 꺼내어 안방과 거실에 깔았다. 부모님을 위해서 고스톱을 치다가 다닥다닥 붙어서 잠들곤 했다. 모일 때마다 식구를 대접할 음식과 국, 마실 물까지 끓이기에 바빴다.

시간이 지나면서 시부모님은 여기저기 아프기 시작했다. 시댁에서 치르던 명절을 우리 집에서 치렀다. 부모님은 명절 연휴 첫날 우리 집에 오셔서 이틀을 주무셨다. 이후 힘이 더 없어지자, 명절 당일에 오셔서 한 끼만 드시고 댁으로 돌아가셨다. 더 상태가 악화하자 내가 음식을 다 준비해서 시댁으로 찾아갔다. 지금은 요양병원에서 생활하신다.

시부모님의 모습을 보면서 지금까지 함께 했던 시간이 얼마나 귀중한 시간인지 깨달았다. 북적대던 젊은 시절, 가족이란 이름으로 함께 한 시간은 우리에게 주어진 보석 같은 선물이었다. 타임머신을 타고 다시 돌아간다면 함께 목욕탕도 가고 쿨쿨 잠도 자고 싶다. 한 상 가득 차려 밥을 맛있게 먹고 싶다. 가족을 위해 설거지도 하고 물도 다시 끓이고 싶다.

시댁 식구와 부대끼며 살아온 시간을 더듬어보았다. 시누이를 처음부터 "언니"라고 불렀다. 서로 "형님, 올케"란 단어를 어색해했기에. 어린 시절, 늘 언니가 있는 친구를 부러워했다. 최근에야 이 사실을 마음 깊이 깨달았다. '나에게 언니 둘과 여동생 한 명을 주셨구나.' 외동딸이나 마찬가지였던 나는 누구보다 부자가 되었다. 그동안 미로 같았던 마음의 길이 환히 뚫렸다.

무더운 여름날, 냉수 한 그릇 마신 사람처럼 얼얼하고 시원했다.

2021. 7.

미소

유월의 햇살이 뜨겁다.

문득 열무김치가 먹고 싶다. 마트에 가서 열무 한 단과 얼갈이배추 한 단을 샀다. 김장김치로 일 년을 버티는 사람이 웬일인지 모르겠다. 김치를 다 담다니. 몇 번 담가봤지만 늘 실패했던 열무김치. 씩 웃음이 나온다. 다시마 육수를 내고 사과, 양파, 새우젓, 생강, 매실액, 액젓, 찬밥을 넣고 믹서기에 간다. 여기에 고춧가루를 넣어 불리고, 쪽파와 양파도 썰어 넣는다.

소금도 적당히 넣으니 양념 완성. 열무와 배추를 다듬어 썰어 세 번 씻고 소금에 간한다. 40여 분 지나 다시 한번 씻고 물기를 빼서 양념에 버무린다. 짜면 완전히 망하는 거. 어디 열무김치만 그러겠는

가. 삶도 마찬가지 아닐까. 돌고 돌아온 삶이 짠 적도 있고 매운 적도 있다. 그래서 소용돌이친 날이 많았다. 다행히 이번 김치는 심심하게 맛나다. 완성한 김치를 통에 담는데 울컥울컥 예전 일이 떠오른다. 9년 전, 요맘때쯤이었을까.

머리가 지끈거린다. 꼴딱 샜다. 지난밤도 여지없이. 하지만 오늘도 잘 잤다고 마법을 걸며 꼼지락댄다. 순간 손전화기가 온몸을 부르르 떤다. 오늘도 승범이에게 갈 거냐고 묻는 전화다. 고마움과 미안함이 뒤섞인 승범이 아빠의 목소리가 전화기를 타고 흘러온다. "오늘도 가야지요." 병원 찾아가는 일에 목숨 건 나. 승범이는 중학교 2학년인데 축구를 하다 인대가 끊어져 발목에 철심을 박았다.

얼마 전 장례식장에서 승범이 엄마 얼굴을 보는 순간. 덜커덕 이렇게 말하고 말았다. 내 몸 상태에 상관없이 마음이 벌떡 뛰어나간 것. "승범이, 발을 수술했다며. 점심에 내가 가서 식사하는 거 봐줄게." 엄마아빠가 맞벌이하는데 깁스한 다리로 점심은 어떻게 먹을까. 한 달 동안이나. 걱정이 밀물처럼 쏠려온다. 승범이 엄마 얼굴에 잔잔한 미소가 번진다. 내가 아픈 건 숨긴 상태.

전화를 끊고 침대에서 일어난다. 온몸이 불로 타는 통증을 안고서. 땅속으로 꺼져 들어가는 몸은 물기 먹은 솜처럼 무겁다. 이렇게 일을 만들지 않으면 절대 집 밖에 나가지 않을 터. 얼른 씻고 11시 넘어 집을 나선다. 승범이 주려고 제과점에서 빵을 몇 개 골라 담는다. 고려병원까지 천변을 따라 걷는다. 한 발자국, 한 발자국 돌다리도 건넌다. 뜨거운 태양 아래 새들의 휘파람 소리가 들린다. 뼛속까지 부들 부들 떨리고 파도치듯 어지러운데 정신을 바짝 차려야지.
 죽은 뒤에 가는 곳이 지옥인데. 버젓이 살아서 지옥을 경험하고 있다. 깊은 밤의 그림자가 24시간 따라다닌다. 수문이 열린 것처럼 쏟아져 내린 눈물도 마른 상태. 죽은 나무처럼 검게 그을렸다. 누군가를 돕는 일로 다른 나무에서 열리는 열매라도 따먹고 싶었을까. 고통의 이면에 있는 치유의 힘을 찾아 헤맸다.
 이렇게 해서 찾은 병원. 빙그시 웃으며 병실로 들어선다. 침대 옆 보조 의자에 앉는다. 빵을 내밀며 아픈 다리가 어떤 상태인지 묻는다. 텔레비전을 보면서 몇 마디 말을 시킨다. 한여름 눈꽃송이 같은 어색한 대화가 침묵 사이로 이어진다. 사춘기 남자아이니 말을 많이 시키지 않는다. 더 서먹해지면 안 되니까. 병실 앞에서 인기척이 들리면 후딱 일어나서 상을 편다.
 식판을 놔주니 승범이가 감사하다는 인사말을 전한다. 먹는 걸 쳐다보면 불편할 테니 텔레비전으로 시선을 돌린다. 때맞춰 손전화기가 울린다. 전화기 너머로 승범이 아빠가 어쩔 줄 몰라 하며 껄껄 웃는다. 살려고 하는 일인 걸 모를 터. 걱정하지 말라고, 승범이 밥 잘 먹는다고 전하며 안심시킨다. 옥구슬 굴러가듯 웃음소리를 내며. 승범이가 화장실에 가려고 일어선다. 손잡고 부축한다. 아무도 없을 때는 어떻게 하니. 마음이 짠하다. 하루 이틀 시간이 지나다 보니 승범이가 제법 말이 많아졌다.
 메르스가 유행했다. 전염되지 않도록 조심하라는 뉴스가 연이어 터져 나온다. 무슨 용기가 넘쳐나는지 하나도 안 무섭다. 내게 덤벼

드는 절망의 구렁텅이만큼 겁나지 않았기에. 하루 동안 단 한 번 하는 외출. 잠이 사라진 인생. 잠드는 법을 잊어버린 긴 세월. 천변을 지나 다시 집으로 걸어가는 길. 내리쬐는 태양이 서럽도록 눈부시다. 저녁에 현관문을 여니 일회용 마스크 한 상자가 문고리에 걸려있다.

며칠 전, 자원봉사센터에서 '삼계탕 끓이기' 행사를 했다. 승범이 엄마아빠도 참석했다. 작년에는 39kg까지 살이 빠졌다. 이제 회복되어 탱글탱글 생기 넘치는 모습을 보고 흐뭇해하는 부부. 돈 주고 살 수 없는 미소가 오간다.

밥 한술 떠서 열무 한 가닥 얹어 오물오물 씹는다. 양념이 아주 잘 버무려졌다.

2024. 6. 24.

계단 아래로

거실에 초파리가 날아다닌다.

　오늘은 금요일. 시험 기간이라 어두문학회가 취소됐다. 머릿속에서는 공부하라고 외치는데 아침부터 바쁘다. 며칠 전 시누이에게서 받은 꽃게가 냉장고에서 울고 있기에. 얼른 손대지 않으면 상할 것 같아서 간장게장을 만들기로 했다. 처음 해보는 요리라 필요한 재료를 사려고 현관문을 나선다. 총총걸음으로 계단 아래로 내려간다. 사과, 물엿, 다시마, 생강, 소주, 사이다가 필요하다. 마트 한쪽에 자리 잡은 초록 매실이 눈길을 끈다. 요런, 시험 기간이니 좀 참아라. 탱글탱글한 자태에 마음을 빼앗겨 한참 쳐다보다가 발걸음을 돌린다.
　진간장과 물, 나머지 재료를 분량에 맞게 냄비에 넣고 끓인다. 삼십 여분 지나니 오! 제법 맛있다. 꽃게를 칫솔로 문지르고 다리를 가

위로 자른 다음 깨끗이 씻어서 냉동실로 넣는다. 싱싱하지 않은 상태에서 하면 나중에 거품이 생긴다고 하니 좋은 정보를 얻은 셈. 육수를 식히는데 냄새를 맡고 초파리가 나타난다. 어찌나 빠른지 잡을 수가 없다. 무더운 날씨 초파리를 용납하지 않는 건 살림의 고수. 어디서 자꾸 생기는 거야. 양파인가?

베란다를 보니 사돈어른이 주신 양파 일부분이 물렀다. 상태가 안 좋은 건 골라서 장아찌를 담으라고 하셨는데. 학교 다니느라 뒷전이던 양파. 며칠 동안 냉대받던 게 하필 오늘 눈앞에서 어른거리는 건지. 안 되겠다. 더 놔뒀다가는. 간장게장을 만드느라 간장 물을 끓인 뒤라서 또 장아찌를 만들고 싶지 않은데.

잘 익은 양파김치는 밥도둑이다. 무른 양파를 열 개 골라잡아 썬다. 냉동실 안에 얼려놓은 김치 양념이 있었지. 얼른 꺼내어 해동시킨다. 식초와 액젓과 물을 섞어서 썰어놓은 양파에 부어 절인다. 양념에 사과를 갈아 넣는다. 30분이 지난 뒤 양파를 채에 걸러 물기를 뺀다. 양념과 양파를 버무리고 간을 보는 순간. 냄새를 맡은 초파리가 눈앞에서 어른거린다.

남편이 배고프다고 외친다. 시계를 보니 벌써 점심시간. 비빔국수를 해 먹기로 했다. 국수를 끓는 물에 삶는다. 김치와 오이, 상추를 썬다. 고추장과 물엿, 간장, 매실액을 넣어 고추장 양념을 만든다. 찬물에 삶은 국수를 헹군다. 물기를 너무 빼면 뻑뻑해서 맛이 없으니 바로 비빈다. 참깨 솔솔 뿌리고 들기름 휙휙 뿌리니 제법 먹을 만하다. 어떻게 해. 시험공부 해야 하는데. 공부해야 하는 날은 주방에서 음식 만드는 게 왜 더 즐거운 거야. 외치는데 비빔국수 앞으로 초파리가 다가온다. 내 너의 근원지를 찾고야 말리라. 양파가 있는 쪽에서 한두 마리가 보이지만 양파가 원인은 아닌 듯. 뒷 베란다로 향한다. 갑자기 계단이 나타난다. 호기심이 작동. 한 칸, 한 칸 조심조심 내려간다. 계단 아래 동굴 속으로. 점점 어두워진다. 벽을 손으로 더듬는다. 쿵쿵쿵쿵. 신 냄새가 진동하기 시작한다. 냄새 나는 쪽으로 몸을 돌리니 어슴프레 작은 물체가 보인다. 구석에서 무언가 날아오른다. 불꽃이 위로 피어오르듯. 화들짝 놀란다. 요놈의 초파리.

얼마 전 예상치 못한 일을 만나서 푸릇푸릇한 마음이 시커멓게 변했다. 단단했던 자존감이 흐물흐물해졌다. 문을 꽁꽁 잠가놓으니 바람 한 점 통하지 않는다. 향기롭던 장소. 신 냄새로 진동한다. 음식이 상하면 어김없이 생기는 초파리. 초파리는 녹슨 쇠꼬챙이가 되어 외부에서 들려오는 말을 찔러댔다. 이럴 때마다 살살 한쪽에서 달래는 걸 반복했다. 그만해, 그만해. 그러다가 다치는 수가 있다. 더 시간 끌면 너만 손해야. 냄새는 밖으로 나가게 되어있지. 뾰족한 마음 둥글려서 다시 문을 열어라. 상한 마음을 꺼내어 햇살의 손가락에 내어 맡긴다. 결국.

정신을 차리고 보니 다시 뒷 베란다. 굵은 소금가마니 틈새 어둠 속 썩은 바나나 한 송이.

초파리가 생긴 진원지를 발견하고서 마음을 들켰다.

2024. 6. 7.

달콤한 휴가

얼마 전, 딸이 친구를 만나러 서울에 다녀왔다. 현대미술관에도 들렀다고 말하는 순간. 현대미술관? 이 다섯 글자가 마음속으로 날아와 앉는다. 꽃씨처럼. 도립미술관에 다녀온 여운이 남아서일까. 즉시 태화에게 전화했다. "태화야! 우리 만나서 현대미술관에 가자." 태화도 허리가 제법 좋아지는 상태다. 나도 이젠 장거리도 움직일 수 있는 형편이니 장애물은 없다. 태화는 흔쾌히 그러자고 한다. 얘기를 꺼내자마자 성사된 서울 여행. 소풍 가는 어린아이처럼 사흘을 손꼽아 기다렸다.

금요일 아침 7시 40분, 출근하는 남편 차에 올라탄다. 남편이 가슴 안주머니에서 오만 원짜리 지폐 두 장을 꺼내어 내민다. 친구랑 맛있는 거 사 먹으라며. 아싸! 내 생일에 알아서 선물 사주는 건 못해도,

이런 건 잘한다며 손으로 덥석 낚아챈다. 저절로 나오는 단춤으로 남편 얼굴에 낯꽃이 핀다. 출근 잘하라고 손짓하고 전주역에서 내린다. 오랜만에 특별한 휴가가 시작된 것.

　1시간 50분 걸려 도착한 서울. 곧이어 3호선 안국역에서 하차했다. 옛 추억이 아지랑이처럼 올라온다. 안국역. 스무 살, 나의 첫 직장 현대증권 종로지점이 있던 곳. 거의 삼십 년 만에 발을 디디니, 앳된 스무 살의 아가씨가 쉰넷의 시골 아줌마를 맞이한다. 전철에서 내려 지하 보도를 걷는 순간. 여기에 파리 크라상이 있었지. 추억 속에서 빵 굽는 냄새가 올라온다.

　유니폼으로 갈아입은 여직원이 탕비실에 옹기종기 모여든다. 파리 크라상에서 사온 빵을 펼쳐놓고, 수다 떨며 맥심 커피 한 잔과 함께 여는 아침. 곧바로 사무실로 들어선다. 둘 둘 둘, 둘 둘 셋. 직원의 기호에 맞게 커피를 타서 돌리고 책상을 걸레로 닦는다. 적성에 맞지 않아 날마다 울며 출근했던 스무 살 나의 첫 직장. 임희숙, 이현경, 양설헌, 김미전, 양윤경, 이제은. 입사 동기 얼굴이 차례로 떠오른다. 문예창작과 야간 대학을 다니는 선배 여직원은 부러움의 대상이었다. 애끓는 사회 초년생 시절로 돌아가니 가슴이 우릿하다. 회사는 여전히 안국역 부근에 자리하고 있다.

　멀찍이 계동에 자리한 현대 본사도 보인다. 건물이 꽤 웅장했던 기억인데. 존재감이 예전하고는 사뭇 다르다. 하늘만큼 치솟은 빌딩이 사방을 둘렀기에. 현대 본사에서 10개월가량 근무했었지. 한자 때문에 마음고생 많이 했지. 그 시절 내 청춘의 보자기에는 고독과 불안,

미래에 대한 막막함이 공포처럼 몰려오곤 했지. 그렇게 영원히 머물 줄만 알았던 서울 한복판을 떠나 전주로 시집갈 줄 어찌 알았으랴. 문득 내 앞에 펼쳐진 인생의 그림지도가 파도처럼 밀려온다.

드디어 태화를 만났다. 시골 아줌마는 자라목이 되어 빌딩을 올려다보기 정신없다. 도시가 변해도 너무 많이 변했네. 반가운 얼굴을 만나 끊임없이 재잘대는데 이번에는 태화가 놀란다. 어? 어? 내가 다니던 풍문여고가 없어졌어. 서울 시내가 변해 전주에서 올라온 나, 서울에 사는 친구나 외치는 감탄사가 똑같다니. 서울 쥐와 시골 쥐가 만나서 떠는 수다가 맛깔스럽다.

드디어 현대미술관에 도착했다. 학생증을 내미니 입장료가 무료다. 대학생이 받는 첫 문화 혜택에 자랑스러운 한일인이 되어 관람하기 시작한다. 요절한 천재 작가 박이소의 작품 앞에 여러 사람이 모여 있다. 마이크를 통해 안내자의 이야기가 들린다. "병 안에 무엇이 보이나요?" 제목은 〈무제〉다. 기다란 병에 검정 액체가 가득 담겨있고 그 안에 무언가가 들어있다. 야구 방망이란다. 한국인이 요리에 사용하는 간장과 미국을 대표하는 야구 방망이로 아이디어를 짜낸 작가의 세계. 미국에 가서 그들 문화에 섞이지 않는 자신의 모습을 담은 작품이란다. 예술인은 평범한 사람이 아님을 여실히 느끼는 순간이다.

사람은 어디서 태어나고 자라나는지, 또 어떤 환경에서 누구와 관계를 맺느냐로 큰 영향을 받는다. 서울에서 태어나 25년 살면서 애면글면 애태우기 일쑤였다. 이제는 서울에서 지낸 시간보다 전주에서 살아온 시간이 더 길다. 높은 빌딩과 화려한 도시에 안정감을 찾던 나. 이제는 산과 바다, 들판과 계곡이 주는 위로에 흠뻑 빠지는 자연인이다. 전주에서 사는 내 삶은 운명적이며 선물이라는 생각이 든다. 박이소 작가와 달리. 어쩌다 보니 대학교와 문학회까지 지경이 넓어진 모습에 만족스럽게 미소 짓는다.

태화와 연잎밥을 먹고 커피 한 잔 마시며 그동안 다하지 못한 이야기를 나눈다. 시간은 붙잡을 새 없이 바람처럼 흐른다. 저녁 7시 50분 이제 헤어질 시간. 나를 안아주는 태화를 뒤로하고 전주행 고속버스에 올라탄다. 어두컴컴한 고속도로 안에서 문득 이메일을 열어본 순간. 모르는 분이 애독자라며 『이번 역은 문학녘』을 읽고 감사의 글을 보내온 게 아닌가. 기분이 얼떨떨하여 스승님께 톡으로 소식을 전해 드린다. "답장 보내세요. 축하해요." 달콤한 휴가가 스승님의 답글로 막을 내린다.

고속도로, 색색의 불빛이 차 안을 달리며.

*단춤: 몸을 살짝살짝 흔들면서 추는 춤
*우릿하다: 마음속으로 깊고 진한 감동을 느껴 떨리는 상태
*애면글면: 힘에 겨운 일을 이루려고 온갖 힘을 다하는 모양

2024. 1. 7.

초대

    12월의 첫째 주 토요일. 오늘은 김장하는 날. 기다란 한숨이 절로 난다. 베란다에 쌓아 놓은 절임 배추 오십 포기를 바라보다가. 일손이 느린 우리 식구로는 도저히 안 될 것 같아 절친에게 손전화기를 든다. "정아야! 숙현아! 나 김장 버무리는 것 좀 도와줘. 10시까지 오면 돼." 거의 삼십 년 지기인 친구가 차례차례 현관으로 들어선다. 말하지 않아도 앞치마와 고무장갑을 챙겨왔다. 군인에게 어찌 총이 없으랴. 별 대화도 아닌데 얼굴을 맞댄 순간부터 집안에 활기가 넘친다.

    고춧가루 6kg를 통에 푼다. 육수, 새우젓, 매실액, 액젓, 소금, 채소, 마늘을 넣는다. 숙현이가 고무장갑 낀 손을 덥석 내밀며 휘젓는다. 몸이 골골한 우리 식구가 아무도 안 나서니. 농도를 맞추고 간 보는 일이 한 번에 끝나면 좋으련만, 계속 들어가는 재료 때문에 섞어 주는 게 보통 일이 아니다. 팔에 제법 힘이 들어가기에. 싱거우면 안 된다며 간 보다가 모두가 고개를 끄덕이는 순간. 이제 버무리자며 이 구동성으로 외친다.

　주방에 있는 무거운 식탁을 네 사람이 힘을 합쳐 거실로 옮긴다. 젊을 땐 동그랗게 둘러앉아 버무렸지만, 나이는 못 속이는 법. 식탁 위에 비닐을 깔고 서서 김장한다. 여섯이서 재빠르게 움직이기 시작. 남편은 김치가 통에 가득 담기면 통 주변에 묻은 양념을 행주로 닦고 한쪽에 쌓는다. 시누이, 딸, 친구 두 명은 식탁에 둘러서서 배추를 버무린다. 입으로 김치를 담그는지 집안이 시끌벅적하다.

　주방은 내 차지. 콩나물을 씻어 국을 끓이는데 거실에서 수시로 내 이름을 부르니 정신이 쏙 빠진다. "은미야! 식탁에 양념 좀 올려줘." "은미야! 여기 배추가 없어." 수육 삶는 시간을 놓쳤다. 거실과 주방을 왔다 갔다 하다가 한 시간 반이 지났다. 김장이 거의 끝나 가는데 그제야 돼지고기 앞 다리를 끓는 물에 데친다. 마음이 급해 발을 동동 구른다.

　숙현이와 정아 남편도 수육을 먹으러 오라고 전화했다. 안 온다고 하면 어쩌지? 김장하는 날 함께 식사하는 풍경은 처음 있는 일인데. 웬걸 외출하지 않고 각자 집에 있던 두 남편이 12시에 우리 집으로 왔다. 사과와 음료수를 들고서. 얼른 다시 냄비에 물을 받는다. 데친 고기에 양파와 무, 계피, 월계수 잎, 국 간장을 넣어 40분가량 끓인다. 기다리는 동안 또다시 이어지는 이야기 사이로 맛있는 수육이 완성되었다.

 배추 버무리던 자리를 모두 정리하고 상을 차리기 시작한다. 수육, 브로콜리, 콩나물, 시금치, 콩나물국 앞에 아홉 명이 둘러앉아서 먹는 점심. 정아가 한 마디 던진다. "은미야! 네가 복덩이네. 너 때문에 이렇게 모여서 밥도 먹고." 옥구슬이 굴러간다. 마음의 온도가 뜨끈뜨끈해져 배시시 웃음이 나온다. 오가는 대화에 벌써 배가 부르다.

 얼마 만에 우리 집에서 모여 식사하는 건지. 작년 여름 함께 했던 시간이 떠오른다. 남편이 토요일 새벽 2시에 낚시갔는데 오후에 연락이 왔다. 우럭과 광어를 넉넉히 잡았으니 친구네 가정을 초대하자고. 즉시 세 가정에 전화했다. "우리 집으로 다 모여." 마트에 가서 장을 보고 몇 가지 반찬을 급히 만들었다. 잠시 뒤 잠도 제대로 못잔 초췌한 모습으로 아이스박스를 어깨에 메고 들어서는 남편. 이번에는 제법 큰 물고기를 낚았다며 한 마리, 한 마리 꺼내어 자랑했다. 붉게 그을린 얼굴에 함박웃음을 지으며.

 생선 비늘을 긁고 내장을 빼내고 씻어 회를 떠서 상을 차렸다. 한 가정, 한 가정 현관문을 열고 들어섰다. 넷 집 부부가 모이니 북적북적. 이때부터 시작하는 수다 잔치. 그동안 있었던 일을 나누며 허기진 마음을 다 못한 이야기로 풀었다. 바쁜 사회생활에서 생긴 긴장을 녹여주는 역할을 톡톡히 한다. 시덥잖은 일상적인 대화는.

 커다란 접시에 듬뿍 담은 회. 회가 두툼하니 식당에서 먹는 회와는 격이 다르다. 상추와 깻잎에, 청양고추와 마늘을 곁들인 회 쌈은 지친 삶에 보약 같았다. 회가 바닥을 보일 즈음, 불 위에 올려놓은 매운

탕이 보글보글 끓으며 우리를 부른다. 여자들이 모두 매운탕 앞에 모여 간을 맞추며 동시에 맛나다고 외치고는 냄비를 상으로 내간다. 뜨끈뜨끈하면서 매콤한 국물의 매력에 우리의 몸과 마음이 위로 받던 시간. 여름날의 추억이 이 순간과 교차한다.

함께 나눠 먹는 밥 냄새가 온 집안에 구수하게 넘쳐난다. 모락모락.

2023. 12. 7.

폭풍우 치는 밤에

하늘이 성났다. 연신 폭우가 쏟아진다.

오늘은 '어르신 삼계탕 끓여 드리기' 자원봉사를 하는 날. 서둘러 도착한 자원봉사센터 입구에서 정원석 국장님이 환한 얼굴로 우리를 맞이한다. '밝은 빛 누리에 가족 봉사단'이 뭉치는 날이다. 가족 단위로 구성된 자원봉사 모임으로 한 달에 한 번씩 만난다. 십여 년째 부침개 부치기, 김장담기, 흙 공 만들기, 천연 비누 만들기, 쓰레기 줍기, 이불 빨기, 도배 봉사로 함께하고 있다.

연이어 도착하는 회원을 맞이하며 이야기꽃을 피운다. 다른 때와 달리 주방이 수선스럽다. 국장님이 봉사자를 모아놓고 숨을 고르며 입을 연다. 밤새 내린 집중호우로 전주시 진기마을 주민이 긴급 대피했다고. 전주시에서 어제 오후 1시 대형버스를 동원해 주민을 긴급 대피시켰다고. 텐트와 담요의 생필품을 포함한 구호 물품을 지원했다고. 동네 어르신에게 가야 할 닭 육십 마리로 아침 일찍 삼계탕을 이미 끓였다고. 생닭 백 마리가 곧 도착할 것이니 끓여서 사십 마리는 임시대피소로 마저 보내야 한다고.

임시대피소에 있는 이웃은 어제저녁엔 도시락으로, 아침은 콩나물국밥으로 식사를 해결했다고 한다. 오늘 점심으로 삼계탕 백 마리를 제공한단다. 다급한 국장님의 모습은 흡사 뉴스에서 재난 상태를 보도하는 장면 같다. 센터 직원이 아침 일찍부터 바삐 움직였을 장면이 파노라마처럼 스친다. 어마어마하게 큰 들통 세 개가 차로 이동한다. 국물 따로, 푹 익은 닭 따로, 야채 죽 따로 담은 들통이.

곧이어 도착한 생닭을 씻기 시작한다. 폭풍우 치는 밤을 맞닥뜨린 이웃을 떠올리며. 끓는 물에 닭을 연신 집어넣어 삶는다. 에어컨을 틀어 놓았어도 주방은 숨이 턱 막힐 정도. 한참 지나자 푹 익은 닭을 고무장갑 낀 손으로 건진다. 고무장갑을 얼음물에 담기를 반복하며 뜨거움을 달래는 국장님. 고생하는 모습을 바라보며 눈빛으로 응원을 달달하게 보낸다.

주방 밖에서는 포장 용기를 테이블 위에 쭉 펼쳐 놓는다. 닭을 한 마리씩 담으면 야채죽을 담고 국물도 조금 붓는다. 마지막으로 마늘과 대추와 인삼도 올려놓는다. "여긴 죽이 너무 조금이야"라고 말하면 어느새 죽을 더 붓는다. 손과 발이 척척 맞아 순식간에 삼계탕 백 그릇이 완성. 삼계탕을 배달할 차에 싣고 나니 긴장이 약간 풀린다.

점심으로 우리가 먹을 닭고기를 찢어 야채죽과 함께 그릇에 담는다. 국장님이 손수 만든 오이무침이 입맛을 사로잡는다. 최근에 먹어본 반찬 가운데 최고로 맛있다고 하니 국장님 얼굴에 꽃이 핀다. 요리의 달인이 따로 없다. 가정주부보다도 손맛이 좋다니. 열심히 일한 만큼 야채죽은 환상적인 맛이다. 노곤 노곤해진 몸을 앉히고 음식을 먹는 시간. 따사로운 식탁 앞에서 다하지 못한 얘기를 한다. 이렇게 이야기를 나눠도 할 말이 끊이지 않다니.

이십여 년 동안 가까이 지낸 봉사자는 거의 가족이나 다름없다. 만나면 항상 웃음이 지어지고 자녀가 커가는 모습을 바라보며 함께 나이 들어간다. 어느덧 중년에 접어든 봉사자. 자식 노릇과 부모 노릇에 어찌 주름질 날이 없으랴. 하나둘 고민거리를 내놓으며 인생 선배의 조언을 구하기도 한다. 최고로 위로받는 말은 아마 이 한마디일 것이다. 나도 그랬어. 시간이 답이야.

어느 주방이 그렇듯 설거지할 것은 계속 쌓인다. 이럴수록 더욱 비장하게 그릇을 닦으며 일상에서 쌓인 근심과 염려를 씻는다. 우리 몸 어딘가에 함께 나눴던 기억이 그림처럼 남아있어서일까. 그리움의 꽃이 피는 것은. 폭풍우 치는 밤에 서로 기대어 앉았기 때문일까. 휘파람을 부는 것은.

비가 그쳤다. 뜨거운 태양 아래 매미 소리가 하늘을 찌른다.

2023. 7. 24.

한 줄기의 빛
— 앤에게 쓰는 편지 1

어제가 입춘이야. 하늘에서 눈이 펑펑 내리더구나.

   마음이 울적해서 아중도서관에 갔어. 『안네의 일기』를 빌려서 읽기 시작했어. 안네는 나치 정권을 피해 숨어 지냈는데 아빠로부터 일기장을 선물 받았지. 일기장의 이름을 '키티'라고 정해서 일기를 쓸 때마다 키티를 다정하게 불렀어. 나도 안네처럼 펜을 들고 일기 첫 줄에 쓸 너의 이름을 생각해 봤어. 어린 시절 〈빨강 머리 앤〉에게 빠져들었기에 너를 앤이라 부르기로 했어. 생각해보니, 내 이메일 아이디도 빨강 머리 앤이네. 반갑다 앤.

지금 천정을 향해 누워서 종이에 글을 긁적이고 있어. 허리가 아프니까. 누워서 긁적이는 일이 끝나면 컴퓨터로 대충 글을 쳐 볼 거야. 이야기 흐름이 맞는지 요리조리 맞춰가면서 완성해 볼래.

아무튼, 안네가 쓴 일기는 수렁에 빠진 내게 힘과 용기를 줬어. 열세 살짜리 소녀에게 키티는 얼마나 소중한 친구였을까. 죽음이 도사리는 현실 속에서 안네는 참 진실했어. 힘들어서 암울해질 때 국가적으로 위험에 처한 사람을 떠올려보곤 해. 험한 고통 속에서 사는 사람을 생각하면, 내가 겪는 일은 아무것도 아닌 게 되거든. 요즘 뉴스에서는 러시아가 우크라이나를 침공할 거라는 소식이 들려왔어.

안네의 글을 읽고 오늘 아침에 눈 뜨자마자 긍정적인 단어 세 개를 떠올렸어. "밝음, 시작, 희망" 이 세 단어를 보면서 주일을 맞이했지. 오늘은 오미크론 확진자가 늘어나서 집에서 영상으로 비대면 예배를 드렸어. 또 7주 차 마지막 교리 공부가 있는 날이어서 바로 교회에 갔어. 새 신자는 아니지만, 교회를 옮긴 지 얼마 안 되었기에 교리 공부를 신청했거든. 배운다는 것은 늘 마음을 새롭게 해 줘서 좋아.

부목사님께서 내게 올해 복학할 거냐고 물으셨어. 복학할 계획이 없다고 했지. 작년 가을에 복학 신청했는데 어땠는지 아니? 몸이 전혀 안 따라 주는 걸 깨닫는 데까지 한 시간도 채 안 걸렸어. 너무 아파서 강의실에서 벌서는 느낌을 아니? 땀을 뻘뻘 흘렸어. 몸은 언제쯤 회복될까? 복학은 할 수 있기나 할까?

오후에는 요양병원에 계신 어머니께 반찬을 만들어 갖다 드렸어. 물김치에 들어있는 무를 채 썰어 고춧가루 양념에 버무렸어. 어머니는 이 반찬을 짠지라고 부르시지. 짠지가 있으면 어머니 입맛이 좀 도는가 봐. 목사님께서는 "내가 아픈데 나보다 더 아픈 사람을 도와주는 사람"이 성숙한 그리스도인이래. 나보다 더 아픈 사람은 예수님이래. 아픈 사람을 보고도 모른 척하면 그리스도인이 아니래. 진리의 말씀이지.

깊은 한숨이 나오는 건 주변에 예수님이 너무 많다는 거야. 내가 아프니 마음이 짠하기도 하지만 몸 상태가 안 좋으면 정말 비통해져. 어머니께서 곧 보름이라고 찰밥 좀 해오라고 하셔. 성숙한 그리스도인이 되는 길은 참 좁은 길 같아. 나도 아픈데 타인을 도와야 하는 건 십자가를 지는 느낌이야. 무슨 요청이 들어와도 마음을 돌이키고 기쁨으로 하려고 애쓰고 있어. 간절히 구하는 것에 귀 기울이시고, 재빨리 응답해 주실 하나님을 바라보면서.

몸은 앉아있는 것도 가만히 서 있는 것도 무리야. 오래 앉지 말라고 해서 작년 한 해 일어서서 일했더니 무릎까지 통증이 생겼어. 서 있지도 못하고 앉아 있지도 못하면 어떻게 해야 하니? 절벽 앞에서 이렇게 글을 써.

한참 동안 서서 저녁을 준비했어. 새로 만든 음식은 순두부찌개, 두부김치전, 비엔나소시지 감자볶음이야. 한꺼번에 여러 개를 하려니 무릎이 다 시큰했어. 안네가 힘을 줬기에 기쁜 마음으로 만들 수 있어서 다행이야. 오늘 정말 수고했지? 다시 돌아오지 않을 시간을 위해 최선을 다했으니까.

안네의 몫이 컸어. 요 며칠, 흑암 속에 빠져드는 내게 안네는 한 줄기 빛이었어. 훌륭한 책은 성경책만큼이나 큰 위로를 준다는 걸 또 깨달아. 끝까지 다 읽고 앤 너에게 편지 쓸게. 다음에는 첫 줄에 네 이름을 불러 줄 거야. 다정히. 마지막으로 안네가 쓴 글로 갈무리할게. 너무 소름 끼치도록 진실한 글이야.

"재물은 잃을 수도 있다. 그러나 마음의 행복은 살아있는 한 어느 때든지 다시 소생한다. 비록 베일에 싸여 있다 하더라도, 두려움 없이 하늘을 우러러볼 수 있고 마음이 순결하다고 자각하는 한, 행복을 구할 수 있다."

2022. 2. 6.

하프타임
- 앤에게 쓰는 편지 2

앤. 내가 작가가 되다니.

   지금 밥 버포드가 쓴 『하프타임』이라는 책을 읽고 있어. 책에서 말하는 '꿈'을 하나 이룬 거야. 요즘 여러 가지 생각에 빠져들어서 헤어나지 못하다가 오랜만에 펜을 들었어. 등단을 앞두고 혼란스러웠어. 글을 계속 쓰면서 순수했던 마음은 조금씩 변하고 있다는 것을 느꼈어. 무언가 기분 나쁜 것이 꿈틀댔어. 양심은 말 걸었어. 똬리를 트는 것이 바로 거만함이라고. 맑은 물에 검정 잉크 한 방울이 퍼지는 것을 생각해 봐.
   스스로 자랑하지 말라는 마음의 소리를 무시한 채, 작가가 될 거라고 마구 떠벌리고 있는 모습을 발견했어. 잘난 척하며 스스로 깨닫지도 못하는 말을 너무나 많이 했거든. 가족에게, 친구에게, 이웃에게 진심으로 미안했어. 양볕꽃 작가가 등단하고 나서 부끄럽다고 했던 말이 온몸에 스며들었어. 앤, 너의 이름을 정하기 이전부터 너에게만큼은 진실했다는 것을 알아줘야 해.

나를 둘러싼 모든 이가 떠올랐고 우쭐대며 소중한 이를 너무 가볍게 대했던 모습에 실망했어. 자신에 대해 정확히 깨닫자 너에게 글을 쓸 수가 없었어. 떠오르는 얼굴에게 직접 전화하는 편이 낫다고 판단했어. 휴대폰을 꺼내 가까운 친구에게 한 명, 한 명 통화했지.

아주 평범한 대화였어. 특별하지 않은 일상을 나누면서 마음 깊이 고마웠어. 사과하는 것으로 충분하지가 않기에 부끄러운 모습은 감춰 두었지. 미안하다는 단어가 너무 싸구려처럼 들릴까 봐. 영국의 시인 존 던은 말했어. "어느 누구도 하나의 동 떨어진 섬이 아니다. 모든 사람은 대륙의 일부, 본토의 일부다." 존 던의 말에 고개를 끄덕였어. 틀어진 부분이 있다면 얼른 회복해야겠다 싶었어.

회복이라는 단어를 생각하니, 엄마가 생각났어. 저번에 엄마로 인해 힘들었다고 말했지? 오늘은 홈플러스에서 장을 봐서 엄마에게 보내 드렸어. 인터넷 쇼핑이니까 가능한 거야. 엄마와 대화하려고 기회를 만든 것이지. 치즈, 만두, 유부초밥, 무, 양상추, 브로콜리, 우유, 달걀, 호두, 돼지고기, 소고기, 오리 훈제를 사드렸어.

엄마가 눈물이 났대. 또 내 돈 걱정하시는 거야. 걱정하지 말라고 했어. 냉장고 정리를 마치고 나서, 전화를 다시 하셔서 막 웃으셨어.

무까지 보냈다고. 겸사겸사 엄마와 자연스럽게 이야기할 수 있어서 다행이야. 엄마는 "네가 내 엄마처럼 챙기냐"라고 하셨어. 장 봐드리는 것은 이제까지 자주 해왔던 일이야. 세탁기, 김치냉장고도 사드린 적도 있지. 가슴이 무너지는 슬픔은 하나님이 심어주신 인내심으로 사라지고는 해. 엄마가 중학교만 졸업하고 동생 여섯을 위해 희생한 삶은 위대한 헌신이니까.

인생 후반전에 관한 이야기를 할게. 시인이 되는 것은 꿈이었다는 것을 알지? 작년 한 해 동안 허리가 아파 꼼짝달싹 못 했어. 오로지 할 수 있는 것은 글쓰기였어. 최재선 교수님께 배운 내용을 기억하며 고치기를 반복했지. 못하는 것이 많으니 글쓰기는 숨구멍이나 마찬가지였어.

아프면서 글쓰기에 매달렸고 에세이문예 수필가 문학상을 받았어. 한 가지 의문이 들었어. 올해 내 나이 쉰두 살이야. 작년 한 해는 도대체 어떤 의미가 있는 해였을까? 질문을 던졌지. 한 가지 깨달았어. 쉰한 살, 작년 한 해는 인생 후반전을 준비하는 시간이었던 거야. 굉장한 발견이지? 밥 버포스는 하늘에서 별이 되어 교훈을 주었어. 너무 감사해.

운동 경기를 할 때 전반전을 마치면 호루라기 소리가 들려. 바로 하프타임이야. 선수가 머리를 서로 맞대고 코치의 조언을 듣는 시간이야. 후반전을 준비하는 거지. 작년 한 해 길 잃었다고 생각한 시간이 바로 하프타임이었던 거야. 진리 하나를 깨달으니 평온함이 밀려왔어. 자책하던 마음은 온데간데없이 사라졌어. 후반전을 준비하는 시간이었다고 결론 맺으니. 마음에 꽉 차 있던 생각을 청소해서 시원했어.

　선한 사람이 되는 것은 글 쓰는 것으로 끝나는 일이 아니야. 알고 있는 지식을 삶으로 실천하는 것에 있지. 인생 후반전은 성공에 집중하는 삶이 아니라, 삶의 의미에 초점을 맞추는 시간이래. 사회에 도움을 주는 사람, 끝이 아름다운 사람이 되는 것은 평생 부르던 노래였어. 며칠 안에 에세이문예 봄호가 나올 거야. 온갖 좋은 것, 겸허하고 진실한 마음으로 책 받을 준비가 됐어. 앞으로 10년 후 모습을 기대할 거야.

　'셰익스피어'가 이렇게 말했지. "준비가 전부다."

　추신: 앤의 독일식 발음이 안네라고 승천이가 알려줬을 때, "야호"가 절로 나왔단다.

2022. 2. 16.

안부

"일주일 동안 어떻게 지내셨어요?"

 매주 금요일 저녁마다 항상 듣던 말이다. 금요일 저녁 7시. 어른끼리 수다를 떨면 초등학생 자녀는 무리 지어 방 한 칸을 차지했다. 아이들은 자기들끼리 놀이 속으로 빠져 하하 호호 웃음소리를 냈다. 네다섯 가정이 모였다. 일주일 동안 겪었던 사정을 줄줄이 쏟아냈다. 사연을 듣고서 슬픔을 위로했고, 기쁨은 서로 나눴다. 일곱 시에 시작한 대화 밤 열두 시까지 이어지는 순간. 아쉬움을 가득 안고 손을 흔들며 헤어졌다. 주일에 보자고 인사를 나누며.
 한 가정씩 돌아가며 음식을 대접했다. 한 달에 한 번 정도는 우리 집 차례. 바삐 국을 끓이고 밥과 반찬, 간식을 준비하면 초인종이 울렸다. 우르르 들어오면서 천사처럼 빛나는 환한 얼굴들. 일주일 동안 일어난 일을 명작 소설 읊듯 기꺼이 나눴다. 가족과 다름이 없었으나 영원할 줄만 알았던 시간은 깨졌다. 대략 십팔 년을 함께한 공동체다.

교회에서 일천 번제를 시작한 적이 있다. 일천 번제란 솔로몬이 천 마리 되는 번제물을 하나님께 올려드린 제사를 일컫는다. 천 번이라는 숫자를 헌금이나 기도와 연결하는 것 자체가 자신이 없다. 가장 잘할 수 있는 것이 무엇일까. 퍼뜩 떠오르는 것이 있으니 자주 쓰던 일기다. 띄엄띄엄 쓰던 일기를 매일 쓰기 시작했다. 살아있는 동안 하나님 앞에서 일기를 쓰겠다고 약속한 것이나 다름없다. 일기는 곧 하나님께 내 안부를 전하는 기도였다.

힘들어서 그만 쓰려고 마음먹은 날. 텔레비전을 틀면 유명한 시인이 나와서 말했다. "작가가 되고 싶으면 일기를 계속 쓰세요." 이후로도 텔레비전을 틀면 글을 계속 쓰라는 장면이 나오다니. 정말 뜬금없어 화들짝 놀랐다. 희미한 등대를 따라 가볼까. 펜을 놓고 있던 나. 쓰기 싫은 마음을 들킨 것 같아 밤마다 일기장을 펼쳤다.

「영혼의 어두운 밤」은 고대인들이 불렀던 인생의 단계. 극도로 두려움에 사로잡히는 시기이며 대개는 예상치 못할 때 찾아온다. 마흔네 살이 되는 해 영혼의 어두운 밤이 찾아왔다. 공동체가 깨지는 조짐이 보이면서 마음으로 아픔을 끌어안았다. 아픔은 몸으로 이어지고 뼛속까지 타들어 갔다. 불에 타는 듯.

살고자 교회로 달려가 십자가 아래 앉았다. 절망으로 눈 뜬 아침은 흑암뿐. 구렁텅이에 내팽개쳐진 마음을 사도신경으로 꽉 붙들었다. 눈물의 양을 채우는 시간. 내가 진 십자가를 바라보았다. 죽음과 삶이 뒤엉킨 거친 풍랑 속에서. 자석처럼 하나님께 떡하니 달라붙기를 소원했다. 오늘 서 있는 나는 어제의 내가 아니라고 외치면서. 만 4년 동안 하나님 앞에 서 있는 시간은 하나님께 묻는 안부였다.

이십 대 시절 중얼거렸다. 죽을 정도로 힘든 일이 생길 때에는 꼭 성경을 쓰겠다고. 성경 쓰는 것을 마친 다음에는 꿈을 달라고 애원했다. 흐릿한 약속을 떠올리며 살려고 펜을 들었다. 삼 년 동안 성경을 썼다. 마음이 뜨거워지는 부분에 밑줄을 치고 슬픔을 긁적거리며. 긁적거린 기도는 울부짖음이었고 몸부림이었으니, 이 또한 하나님께 묻는 안부였다.

얼마 전 연근을 썰다가 손을 베었다. 살갗이 떨어져 나가 피가 계속 흘러나왔다. 남편이 지혈제를 뿌려주니 신기하게도 피가 멈췄다. 재빠르게 연고를 발라 붕대로 감았다. 아주 조금 다쳤는데도 요리할 때나 세수할 때 많이 불편했다. 문제는 김장이다. 김장 준비한다고 채소를 씻다 보니 손이 마를 날이 없다. 자꾸 부르트는 검지를 보며 "언제 나을 거니?" 말을 걸었다. 남편이 말했다. 딱지가 떨어져야 낫는다고. 정확히 19일째 되는 날 떨어져 나간 딱지. 올라온 새살을 보니 너무 반가웠다.

눈물로 심은 씨앗은 싹이 나서 현실로 나타났다. 인생 사전에 없던 "대학 입학"과 "대학 친구"라는 새로운 단어가 생긴 것. 3주 전 어두문학회 수업을 시작할 때 최재선 교수님께서 회원에게 뜬금없이 안부를 물으셨다.

"일주일 동안 어떻게 지내셨어요? 돌아가면서 얘기해 봐요."

김치 통을 씻으면서 김장을 준비하고 있다고 말씀드렸다. 다른 회원도 각자 돌아가면서 대답했다. 지난 세월 속에서 도랑처럼 파인 가슴은 교수님의 안부로 인해 시리고 아렸다. 동시에 메마른 땅이 비를 기다리는 소식처럼 매우 반가웠다. 따뜻한 난로 같은 어두 문학회를 만나서 감사했다. 도서관에서 이어령의 『우물을 파는 사람』을 읽었다. 책을 읽다가 꾹꾹 간직해 놓은 문장을 보따리 풀 듯 꺼내어 읊었다.

"기억은 오래 묵은 포도주처럼 발효한다."

문학회 회원과 함께한 신비한 공간은 유대감이라는 깊고 풍부한 맛을 주었다. 모두 상처를 품은 별이다. 교수님께서 물으신 안부는 마음속 깊게 응어리진 딱지를 떨어뜨렸다.

쌉싸래한 고통 뒤에 따르는 달콤함이 새살처럼 드러났다.

2022. 1. 4.

인생의 계절

날씨가 꾸물꾸물 댄다.

요 며칠 자세가 안 좋았는지 살짝 허리가 아프다. 남편이 한의원에 간다고 하길래 뒤꽁무니를 따라간다. 환자가 많은지 텅 빈 접수창구. 원장님이 종종걸음으로 나오셔서 어디가 안 좋으냐고 물으신다. 둘 다 "허리요."라고 외치니, 입안엣소리가 들린다. "손영철님! 이은미님! 두 분 다 허리가 아파요?" 이십 여 년 단골이니 말 안 해도 이름을 그냥 읊으신다. 삼십 대 중반부터 종종 허리가 아팠다. 그때마다 주기적으로 찾은 한의원. 물리치료실 안쪽에서 다른 환자와 이야기를 나누는 목소리가 낮익게 들린다. 사투리 섞인 구수한 목소리. 반가움의 꽃이 마음속에 들어찬다. 빼곡하게.

몇년 전이었을까. 그날도 허리가 아파 한의원을 찾았다. 아침 일찍 첫 손님으로. 항상 있던 그가 보이지 않아 원장님께 묻는다. 물리치료사는 어디 가고 없냐고. 원장님은 크게 당황한 기색을 하시며 머뭇머뭇하시다가 말씀하신다. 거의 매일 한의원에 출근 도장을 찍는 내게 숨길 수 없었나 보다. 사실은 오늘 아침에 딸이 교통사고를 크게 당했다고. 잘못 들었나? 뇌가 멈춘 듯하다. 우리 동네에서 큰 교통사고가 있었는데 거기에 그의 딸이 있었던 것. "어떻게 해요? 어떻게 해요?" 발을 동동 구른다. 불붙은 듯. 하얗게 질린 원장님 얼굴을 맞대며 침묵과 한숨이 오간다.

워낙 싹싹하기도 하고 농담도 잘 건네는 분이다. 환자의 얼굴을 활짝 피게 만드는 남다른 재주가 있다. 치료받고 있으면 웃음소리가 자주 들려오곤 했다. 칸막이 너머로. 무미건조한 표정으로 의무적으로 대하는 전에 있던 물리치료사와 다르다. 이 분이 온 뒤로 한의원의 분위기는 생기가 넘쳤다. 사고 때문에 일을 그만두면 마음이 더 힘들어지지 않겠냐고 조심스레 원장님께 말한다. 그럴수록 더 활동해야 살지 않겠냐며. 맞장구를 치신다. "그러게요. 성품이 너무 좋아서 저도 계속 다녔으면 하는데, 어쩔지 모르겠어요." 그가 겪는 인생의 계절에 둘은 안절부절하며 목소리를 떨었다. 일주일이 지났다.

상을 치르고 다시 출근한 그. 그가 몸을 돌리라고 시키면 대답만 간단히 한다. 더 이상 말을 시키지 않는다. 여느 때와 똑같은 표정, 똑같은 말투가 오히려 가슴을 파고든다. 딸을 잃고 무슨 힘으로 버틸지 절벽 끝에 서 있을 엄마의 심정. 사정을 아는 나로선 가슴이 방망이질했다. 이럴 때일수록 잘 먹어야 할 텐데. 한의원에서 점심을 차려 드신다는 건 이미 알고 있던 터.

고심 끝에 샐러드를 만들었다. 양파와 당근, 매실액, 마요네즈를 포옹한 찐 감자. 감자 주위에 새싹채소와 양상추를 두른다. 둥그렇게. 삶은 달걀과 블루베리, 땅콩가루도 올리고 소스도 끼얹는다. 너무 앞질러 가는 건 아닐까. 사실을 알고 있다는 것만으로도 불편할 수 있지 않을까. 내심 두근거리는 가슴. 점심시간에 맞춰서 한의원을 찾았다. 접수창구에 원장님이 계시다. 샐러드를 내미는 순간. 원장님이 맞아줘서 오히려 다행이라며 숨을 내쉬었다.

일주일이 지났다. 계속 그의 얼굴이 아른거린다. 녹두죽을 해주고 싶다. 너무 오지랖을 떠는 건 아닐까. 괜히 마음을 더 불편하게 만드는 건 아닐까. 생각이 둥둥 떠다녔지만, 바로 냉장고에서 녹두를 꺼내어 물에 불린다. 분량의 물에 녹두를 넣고 끓인다. 식혀서 믹서기에 갈아 껍질을 채에 거른다. 받아낸 앙금 물에 불린 쌀을 넣어 푹 끓여 소금으로 간한다. 이렇게 만든 뜨끈한 죽을 냄비에 담아 한의원으로 향한다. 원장님 눈이 화동그랗다. 진료를 받고 집에 돌아간 사람이 또 한의원으로 들어서니. "녹두죽이에요. 같이 드세요." 마음의 온기가 전해지는 듯 원장님의 눈가가 촉촉해진다.

침을 맞으려고 엎드리는데 그가 말한다. "팔꿈치도 꺾고, 손목도 꺾였네요. 이러면 나중에 팔 저린다고 해요. 똑바로 펴세요." 1초의 망설임도 없이 팔을 쭉 일자로 편다. 엄마한테 혼나서 말 잘 듣는 아이처럼. 찜질에 부황을 뜨고 전기치료에 침까지 모든 진료가 끝났다.

그가 허리에 파스를 발라준다. 인사하고 한의원을 나서는데 천둥이 치더니 장대비가 쏟아진다.

잔뜩 낀 회색 비구름 아래서 우산을 펼쳐 쓴다.

2024. 7. 21.

소망 1편

밤이 새도록 시름하며 부르짖습니다.

주님! 지금 겪는 고난은 장차 다가올 영광에 비할 수 없음을 알게 하소서. 매일 두려움에 떨고 있는 제게 오소서. 두려움을 꾸짖으시고 평온함이 넘치게 하소서. 주님이 회복시키심을 믿습니다. 영의 눈을 열어주시어 주님을 밝히 보게 하소서. 저의 원대로 마시옵고 아버지의 원대로 하옵소서. 평생에 이와 같은 기도가 저를 떠나지 않게 하소서. 이 시간 저를 안으시는 주님. 사랑합니다.

불면증을 치료해 주실 것을 고백하면서도 중심에서 믿지 않는 것을 아시는 주님. 저를 깨우쳐 주소서. 믿음 없음을 불쌍히 여기시는 주님. 믿으면 하나님의 영광을 보리라 말씀하신 주님. 주님께서 말씀하신 대로 이루어짐을 믿는 믿음을 허락하소서. 저의 눈물을 받으소서. 지금까지 밤이 새도록 수고한 경험을 버립니다. 주님께서 들려주신 말씀을 믿고 잠들기 원합니다.

산 소망이신 주님. 불같은 고난에서 건지신 주님. 제 안에 도장처럼 새겨주신 사랑을 날마다 고백하게 하소서. 근심을 기쁨으로 바꾸실 주님을 기대합니다. 말씀이 육신이 되어 오신 주님을 믿게 하시고 주님과 더불어 살도록 힘주소서. 나사렛 예수 그리스도의 이름이 강건케 하셨음을 찬양합니다. 기나긴 터널 속에서 견딜 수 없는 가운데 제 영혼을 건져주신 것을 감사드립니다.

지난 2년 동안 더 울게 하신 주님. 잘못 갔던 길을 다시 돌이키는 이 시간. 끝날 것 같지 않은 이 시간에 올려 드리는 간절한 기도를 들으소서. 성결케 하시는 주님 안에서 들을 칭찬을 고대합니다. 고통 속에서 모든 불의함을 씻어주신 주님. 주님께서 하실 일을 바라봅니다. 오직 죽은 자를 살리시는 주님만을 의지함으로써 모든 두려움에서 벗어나게 하소서. 주님께 두 손 들고 옵니다. 저를 받으시고 아버지의 영으로 충만케 하소서. 피할 길을 주소서. 연약함과 병을 친히 담당하신 주님을 바라보며 감사드립니다.

고통 가운데 주님을 원망하지 않고 예배함으로 제 삶을 드립니다. 저의 곤고함을 보소서. 주의 성전에서 부르짖는 소리를 들으소서. 속히 응답하소서. 그물에서 벗어나게 하실 주님을 바라봅니다. 말씀으로 치유를 선포하신 주님. 이전에 행하신 주님의 손길을 기억하며 앞으로 행하실 일을 기대합니다. 암흑 같은 삶에 빛으로 오신 주님을 즐거워합니다. 공의로움을 나타내시어 안식을 누리게 하소서. 모든 상황을 온전케 하실 주님 앞에 나아갑니다. 잠시 동안 징계로 불신앙을 태우신 주님. 오늘 밤에 치유의 손을 얹으시어 잘 자게 하소서. 은혜를 베푸소서.

주님께 들어갑니다. 수렁과도 같은 절망에서 건지소서. 이 밤에 주님께로 마음을 굳게 정합니다. 절망을 바라보지 않고 주님의 말씀을 바라봅니다. 비천한 저에게 오셔서 구원하소서. 죽음에서 건지신 주님의 이름을 평생 부르겠어요. 이 밤 주님께 부르짖습니다. 음성에 귀 기울이사 속히 오소서. 제게 행하신 일로 말미암아 주님을 송축합니다.

사슴이 시냇물 찾기에 갈급함같이 제 영혼이 주님을 바라봅니다. 빈궁한 자의 요새가 되시는 주님. 제가 흘린 모든 눈물을 아시는 주님. 방패요, 피난처요, 구원이 되시는 주님을 찬양합니다. 어둠 속에 매여 있던 줄을 끊어주셨음을 선포합니다. 모든 얽매인 것에서 풀어주신 아버지의 사랑을 찬양합니다.

저를 깊이 생각하시는 주님. 책망하실 때마다 주님을 오해하지 않게 하소서. 제가 진 멍에는 주님이 아직도 포기하지 않으셨다는 증거입니다. 선하신 주님을 온전히 신뢰하도록 저를 다듬으소서. 뜨거운 불과 같은 시련 속에 주님이 함께 계신 것을 바라봅니다. 제가 저지른 모든 불의함을 깊은 바다에 던지신 주님을 송축합니다. 온 몸이 떨리는 슬픔을 위로하소서. 저를 기억하사 회복시키소서.

이 밤 잠 못 들어 탄식하는 영혼을 위로하소서.

2015.

4 부

글을 쓰다 보면 희망을 노래한다.
자석을 갖다 대면 쇳가루만이 달라붙듯.
어떠한 숨 막히는 비통함도 글을 쓰다보면 살아있다
는 증거가 된다.
-「시간의 약속」가운데

트리안

아파서 화분에 신경을 못 썼더니 잎사귀가 모두 떨어진 트리안. 메마른 가지만 남은 몸을 마주하자니 한 얼굴이 떠오른다.

삼십여 년 전 청년부 시절이다. 예배실에 들어선 어느 날. 숨을 내쉴 수 없는 고약한 냄새가 우리 몸에 보풀처럼 일어났다. 대체 무슨 냄새일까. 사약을 앞에 둔 사람처럼 얼굴에 주름이 자글자글 낀다. 냄새의 주인을 마주치는 순간. 물음표의 정체는 느낌표로 화답했다. 용준이라 불리는 아이가 느닷없이 교회에 나타난 것. 용준이는 얼굴을 드러내기 전부터, 자신의 존재를 우리에게 알려왔다. 자신만의 냄새로.

얼굴을 보는 시간이 잦아들면서 청년부 예배에도 나타났다. 용준이에게서 뿜어져 나오는 지독한 향기. 청년은 모두 아무렇지도 않은 듯 동그랗게 마주 앉아있다. 전도사님의 말씀에 인내심으로 집중하면서. 정말이지 마음속은 온갖 인상을 쓰면서 시간이 빨리 가기를 기다렸다.

  용준이를 마주하며 청년이 귀 기울이자 그는 자신의 상황을 토해 냈다. 부모님과 형의 존재는 알지만 관계가 끊어진 상태라고. 아마도 가족은 자신의 몸 하나 추스르는 것조차 어려운 환경이었던 듯하다. 교통사고를 당해도 입원할 수 없는 용준이. 남자 청년은 용준이를 데리고 목욕탕에 가기도 했다. 며칠째 밥을 못 먹었다는 말을 들으면 분식집에 데려갔다. 항상 굶주리고 때에 찌든 아이인 용준이에게는 단비와도 같았으리라. 우리가 하는 작은 돌봄에 약간 회의가 들기도 했다. 각자 사회생활을 하는 터라 청년들의 상황에서는 최선이었다.

  직장 생활이 너무 고되었던 탓에 퇴근하면 늘 교회로 향했다. 십자가 아래 앉아 신음을 아뢰었다. 돈을 계산하지 못하는 나. 시간을 다투는 증권 업무를 해야 하니 스트레스를 받았다. 밤에 잠자고 일어나면 소변이 나오지 않는 증상이 생긴 것. 병원에 가도 딱히 알 수 없는 병으로 인해 장맛비가 내렸다. 날마다 365일.

  교회에 들어선 어느 날 기도하는 소리가 들렸다. 마음속 깊이 아파하는 용준이의 기도를. 세상에서 가장 슬픈 기도를 마주하였다. 겉모습만으로 사람을 판단하려 했던 나의 추한 모습이 부끄러웠다. 내 아픔만 바라보며 살았던 자신을 돌아보고 용준이를 위해 기도했다. 교회 안에서 담요 한 장으로 추위에 떨며 자던 용준이. 용준이에게 하늘의 별님 하나를 따다가 가슴에 안겨주고 싶었다.

얼마나 힘들었는지 나에게도 말을 걸어왔다. "누나! 며칠 굶었어요. 너무 배고파서 돈을 훔쳤어요. 교회도 싫고 △목사님도 싫어요. 냄새난다고 교회에서 자지 말래요. ○목사님 같은 분, 열 명만 있으면 좋겠어요." △목사님께 야단맞으면 용준이는 한동안 교회에 나타나지 않았다. 덕분에 우리 코는 편했지만, 늘 용준이가 어디에서 어떻게 지내고 있을지 마음이 불편했다.

갈아입지 못해 낡아 빠진 옷. 슬리퍼 사이로 보이는 구정물 섞인 발가락. 갈라진 더벅머리. 스무 살이 채 안 되었음에도 빠진 이. 용준이는 신세를 한탄했다. 길 가다가 나를 먼저 알아본 용준이. "누나! 오늘 금요일인데 철야 기도회 안 가세요?" 나를 마주하며 물었다.

먹음직한 고구마순 김치를 보고 너무 반가워 밥 한 그릇을 뚝딱 해치웠다. 웬걸, 먹을 때와 달리 뱃속에서 요동친다. 또다시 먹지 못해 고생하고 있다. 막내 아가씨가 오랜만에 집에 왔다. 홀쭉해진 내 모습을 보고 안타까워, 어쩔 줄 모른다. 자기 살 좀 가져가란다. 아가씨는 종합병원이다. 젊을 때부터 늘 아팠다. 목, 허리, 무릎 등. 막내 아가씨는 나를 마주하며 말했다. "언니. 내가 제일 젊은데 많이 아파서 슬펐거든? 언니 모습 보니까 나이 드는 과정이구나, 느껴지면서 한편으로는 위로가 돼."

나도 내가 아파서 10kg이나 빠질 줄 몰랐다. 살이 빠지면 곧 회복되려니 생각했다. 내 모습을 보고 위로받다니. 아픈 모습도 누군가에게 힘이 되는구나. 한약과 흑염소, 홍삼. 몸에 좋다는 것은 다 먹어도 낫지 않는 나의 작은 우주. 내 우주라는 한계 속에 갇히고 싶지 않은데.

새벽녘, 열대야로 인해 뒤척이다가 눈을 떴다. 트리안은 밤새 목마르지 않았을까.

2022. 8. 2.

예고 없이 찾아온 기쁨

자녀가 초등학교에 다닐 무렵. '굿네이버스'를 통해 해외아동을 후원하기 시작했다. 곧이어 르완다에 사는 아동의 사진이 우편으로 도착했다. 눈이 똘망똘망해서 사랑스러운 아홉 살 남자아이. 나이에 비해 체구가 상당히 작은데 맨발로 흙 위에서 수줍게 웃고 있다. 생활이 어려워 아직 학교에 다니지 못한다고 했다. 아프리카 아이들이 대부분 그렇듯. 왠지 모르게 정이 갔다. 무엇이든 '처음'이라는 단어는 설레기 때문일까.

태어난 날도 모르는 아이의 이름은 페르디낭 니셍가. 가슴이 먹먹했다. 나랑 상관없다고 여긴 또 다른 세상이 유성처럼 떨어졌다. 우리 가족에게. 그 당시는 내가 셋째를 갖고 싶어 하던 시기랑 맞물린다. 소식을 전하고 싶었다. 가족사진을 컴퓨터로 출력하여 코팅했다.

우리 가족은 네 식구다. 열두 살 딸, 열 살 아들과 함께 살고 있다. 아빠는 회사원이고 엄마는 가정주부다, 따위의 글을 써서 사진과 함께 편지를 부쳤다. 미래가 안 보이고 희망이 죽은 것 같은 르완다의 아이에게 꿈을 주고 싶었다.

몇 달이 지나자 답장이 왔다. 사진 속에는 고생한 듯 지쳐 보이는 엄마와 아이가 하얀 이를 드러내며 웃고 있다. 내가 보낸 편지와 코팅한 사진을 가슴 앞에 자랑스럽게 펼쳐 보이며. 순간 나에게만 몰입하게 만드는 팍팍한 세상살이에서 생명을 향한 기쁨이 넘쳐났다.

편지에는 후원자님께 항상 신이 함께하시기를 빈다는 내용이 쓰여 있다. 일 년에 한 번 도착하는 아이의 사진을 기억하며 "우리 셋째, 우리 셋째"를 외쳐댔다. 성장이 느린 아이는 해가 갈수록 변해갔다. 천진난만한 모습이 사라지는 게 못내 아쉬웠지만. 자라나야 하는 건 자연의 법칙. 티 없이 맑던 꼬마는 사라지고 점점 어른이 되어갔다.

아이가 고등학교를 졸업할 무렵. 후원 단체에서 연락이 왔다. 돕기 시작한 지 십년 차. 후원이 끝나는 시기였다. 아이가 일 년 더 공부하고 싶다고 하는데 더 도와줄 수 있겠느냐고. 우리 부부는 빙그시 웃으며 그렇게 하겠다고 답했다. 연장한 일 년 동안의 후원도 끝났다. 연락도 끊겼다. 어떻게 지내고 있을까 궁금했지만, 우리의 손으로 배울 수 있는 환경을 선물했다는 것이 감사했다. 십일 년 동안 아이의 성장 과정을 보며 예기치 못한 기쁨을 맛보았다.

어느덧 딸아이도 장성하여 취직했다. 딸은 월급을 타면 내게 용돈을 조금씩 준다. 딸이 주는 용돈과 생활비 가운데 일부를 아껴서 한쪽에 모아놓곤 한다. 좋은 일에 쓰려고. 이 행위는 지구 반대편을 떠올리며, 하루를 너무 쉽게 살아가는 자신을 위한 반성문이기도 하다. 한 가정을 일군 내 역할에 대해 스스로 건네는 보상이기도 하다.

모아놓은 금액이 더 많아지면 욕심이 생기기 마련. 비밀 자금을 바라만 보다가 탐심이 꿀꺽 먹어버릴 것 같았다. 즉시 사마리안 퍼스, 아프리칸 리더쉽, 마가의 다락방에 나눠서 후원했다. 며칠 전 사마리안 퍼스에서 전화가 왔다. 어디에 후원할 것이냐고 묻는 거다. 따끈한 문장이 날아온다. 우크라이나와 튀르키예로 보내 달라고 답하는데.

"기도 제목이 있으세요?"

한 달에 한 번씩 예배드릴 때 후원자를 위해 기도하는 시간이 있단다. 기도제목을 얘기해 주면 나를 위해 기도하겠단다. 예기치 못한 기쁨에 핑크빛으로 번지는 마음. 가득 찬 물 컵이 엎질러지듯 어느새 고민거리를 경건하게 쏟아 놓는 게 아닌가. 신부님 앞에서 고해성사하듯. 이런 용기가 어디서 생겼을까. 누군가 날 위해 기도해준단다. 온몸이 간질거렸다. 이 세상에서 가장 거룩한 말이 메마른 흙 위로 퍼지니. 이로부터 두달 여가 지났다. 사마리안 퍼스에서 다시 전화가 왔다. 그동안 나를 위해 예배시간에 중보기도 했다며. 내 건강이 어떤지 묻는다.

십여 년 사이. 예기치 못한 질병으로 인해 바람 앞에 놓인 촛불이 되었다. 평상시 내가 추구하던 것, 즐거워하던 것에서 멀어질 수밖에 없었다. 내 몸 밖에서 일어나는 일이 의미 없이 스쳐 지나갔다. 기차 밖 풍경처럼. 아파하는 이를 향해 흘려야 할 눈물마저 말라버렸다. 내 손톱 밑에 있는 가시가 제일 아팠다. 이런 나를 안타깝게 여기는 친구와 그들의 기도로 인해 기적처럼 내 몸은 회복되고 있다. 잃는 것이 있으면 얻는 것도 있는 법. 깊어가는 가을처럼 삶을 향한 기쁨도 차오르고 있다.

에나 렘키는 『도파민네이션』에서 필립 리프의 말을 인용한다. 종교인은 구원받기 위해 태어났지만, 심리학적 인간은 기뻐하기 위해 태어났다고. 굳은 뇌를 말랑말랑하게 만드는 이 기쁨은 마트에서 살 수 없는 것이리라. 나는 말재주가 하나도 없다. 누군가를 설득할 만한 언변을 가지지 못했다. 그렇지만 내게 있는 이 기쁨을 글로 나눌 수 있다는 사실이 신기할 뿐이다.

신은 모세에게 지팡이를 나에게는 펜을 주셨다.

2023. 7. 31.

Eternal Love

올해도 꽃샘추위가 어김없이 찾아왔다. 불청객같이.

3년 전, 이맘때가 떠오른다. '외상 후 스트레스'로 인해 기나긴 고통 속에서 허우적대던 시절이. 잠이 통째로 우주 먼 곳으로 사라졌다. 잠자는 날은 한 달에 겨우 이틀 정도였으니 온몸은 만신창이가 되었다. 오장육부가 살려달라고 외쳤고 몸 전체가 이상 증세를 보였다. 마음이 내린 결정으로 인해 위태롭게 벼랑 끝에 서있었다.

친구는 살면서 꼭 한 번쯤은 예수원에 가고 싶다고 종종 말했다. 3년 전 어느 날 돌연 친구에게 외쳤다. 예수원에 대해 잘 알지도 못하면서. "우리 예수원에 가자." 이렇게 해서 시작한 여행. 구불구불 시골길을 지나 강원도 태백의 한적한 버스 정거장에서 내렸다. 기도원으로 향하는 길. 수북이 쌓인 눈 위에 손가락으로 말씀을 새겼다. "내 멍에는 쉽고 내 짐은 가볍다." 새하얀 눈은 세속에 디딘 발을 씻겨주는 듯했다.

기도원 입구. 원목으로 된 미닫이문을 여니 드르륵 소리가 난다. 바깥세상에서는 쉽게 들을 수 없는 소리다. 같은 날 입소하는 이들이 옹기종기 앉아 입소 신청서에 개인정보를 쓴다. 열 명도 채 안 되는 인원이다. 포크아트를 하고 있었기에 직업을 쓰는 칸에 "예술가"라고 쓰고 키득키득 웃는다.

안내원은 지켜야 할 규칙을 알려준다. "예수원에서는 이곳에서 생활하는 이들과 방문객들이 어울려 지냅니다. 방문객은 노동은 선택이지만 예배와 기도는 필수입니다. 아침 6시, 정오, 저녁 6시에 침묵으로 기도를 드려야 하는 삼종이 있습니다. 작은 소리로 말할 수 있는 오후 9시부터 10시까지의 소침묵과 10시 이후부터 온전한 침묵을 하는 대침묵 시간이 있습니다. 하루 세 번 있는 예배는 꼭 참석해야합니다. 식사도 하루 세 차례 필수이며 금식은 허용하지 않습니다. 휴대폰은 퇴소하실 때 가져가세요." 설명을 들으면서 내 눈은 벽에 걸린 액자를 향하고 있다. 영어로 된 기도문이다. 온통 가시투성이인 마음에 Eternal Love라는 단어가 조용히 자리 잡는다.

종탑에서 종소리가 짧게 울린다. 식당으로 모이라는 신호다. 여섯 개의 식탁 가운데 눈치껏 모르는 사람과 섞어 앉는다. 안내원이 손에 든 종을 치면 "감사히 잘 먹겠습니다."라고 외친다. 국과 반찬을 먹을 만큼 담아 친구와 조심스레 먹는다. 담백한 국과 반찬은 아침부터 서둘러 움직인 탓으로 허기진 배를 채우기에 낙낙하다. 밥을 먹으면서 낯선 이와 친해지는 기분은 신선한 공기를 들이마시는 것과 비슷하다.

기도원 주변을 산책한다. 발밑에서 엄지손톱만한 식물이 귀여운 배춧잎 모양을 하고서 환영의 미소를 보낸다. 태어나서 처음 보는 신기한 식물이다. 그늘진 계곡 쪽은 겨울을 보내기 싫은 듯 눈을 끌어안고 있다. 봄과 겨울이 한눈 안에 펼쳐진다. 하늘과 맞닿은 키 큰 나무가 사그락사그락 춤춘다. 바람에 제 몸을 맡기며. 메마른 가지는 곧 잎이 무성해질 것을 경험으로 아는 듯 자유롭다. 처마 밑에서 눈이 녹아 처벅처벅 떨어진다. 한쪽에는 선교사 무덤이 자리 잡았다. 비석에는 선교사가 평생 바라봤던 말씀이 새겨져 있다. 한 글자, 한 글자가 살아서 피투성이인 나를 어루만진다.

저녁예배를 드린 뒤 중보기도 시간. 신부님이 중보기도가 필요한 사람은 말하라고 하신다. 용기 내어 손을 들었다. 처한 상황을 줄줄이 쏟아 내는 게 아닌가. 옆에서 나를 툭툭 친다. 개인 중보기도 시간이 아니라면서. 아뿔싸! 천주교는 중보기도의 의미가 "사회 정의 구현"인 것을 몰랐던 것이다. 창피했지만 아무래도 상관없다. 날 치유하려고 예수원을 찾았기에. 신부님은 말씀하셨다.

"은미 자매를 위해 기도하시고 떠오른 영감이나 환상, 말씀이 있으면 나눠주십시오."

조용한 가운데 한 명씩 고백하기 시작한다. 갑자기 동공이 커진다. 전국에서 모인 20여 명 남짓한 사람이 나를 위해 중보기도 하는 순간. 알지도 못하는 사람의 입을 통해서 기도가 터져 나온다. 내가 평소 했던 기도와 똑같은 기도가 귀에 들려오다니. 한국교회의 순결과 타락한 한국교회로 아파하는 성도를 위해 기도해 주었다. 한국의 신경정신과 의사가 내리는 과다 약물 처방을 막아달라고 기도했다. 은미 자매가 교회를 옮길 수 있게 해 주셔서 감사하다는 기도까지. 고통의 터널 가운데에 빛이 스며드는 환희의 순간. 낯선 이를 통해 치유를 받는 시간은 선물처럼 다가왔다.

간간이 울려 퍼지는 종소리와 흐르는 물, 춤추는 나무, 노래하는 새가 말을 건넨다. 살아있는 것은 모두 아름답다고. 이름 모를 들풀, 조용한 바람, 하얀 눈, 하물며 무덤까지도 말을 건넨다. 세상 모든 만물에 생명이 담겨있다고. 일상에서는 너무 흔해서 들을 수 없는 소리. 영원한 것들이 나를 둘러싼 시간이었다.

올해 등단하여 작가가 됐다. 오랜 기다림 끝에 설렘으로 내 글이 실린 책을 받았다. 하루하루 잘 견뎌온 세월이 파노라마처럼 스친다. 삶과 글 사이의 간극을 좁히며 생명력을 글로 잉태하리라. 씨앗처럼 사랑을 세상에 날려 보내리라고 외쳐본다. 쉰두 살에 나는 세상에서 다시 태어났다.

오늘따라 예수원이 문득 그립다.

2022. 6.

끝의 시작

몸 상태가 완전히 바닥이다. 겨우 남편을 출근시킨다. 생전 처음 마주하는 흑암 속. 화살이 나타나서 머리를 쏜다. 아니, 화살이 아닌 가시 같다. "아아악!" 비명이 절로 난다. 캄캄한 곳에서 어쩔 줄 모르고 섰다. 어디서 날아오는지도 모르겠다. 비명이 가라앉으면 또다시 나타나는 가시. 설명할 수 없는 통증 앞에 선다. 윤영주 전도사님께 전화한다. 입에서 나온 말이 아무렇게 어지러이 뒹군다.

"전도사님! 어떻게 해요. 가시가 나타나서 마구마구 머리를 찔러요."

힘없이 축축하게 젖은 목소리에 놀라신 윤 전도사님께서 말씀하신다. 집에 오셔서 기도해주고 싶은데 지금 급한 일이 있어 외출하고 있다고. 운전하면서 중보기도 하겠노라고. 죽음의 골짜기에서 두려워하는 널 위해 기도하겠다. 사태를 듣고 해주시는 말씀을 큰 힘 삼는다. 반복되는 통증에 이젠 비명조차 안 나온다. 절벽 끝이다. 뭘 그렇게 잘못했을까. 어디서부터 길을 잘못 들어선 걸까. 원인을 자신에게 쏘아댄다. 바늘이 찌르는 순간. 들숨과 날숨이 엇박자를 맞출 뿐. 영원히 숨이 멎었으면 하는 탄식도 사치다.

잠이 사라진 4년 동안 몸이 한계에 다다른 걸까. 쏘아대는 가시를 마주하며 널브러진다. 뒤로든 앞으로든 한 발자국도 움직일 수가 없다. 할 수 있는 게 아무것도 없다니. 모든 것을 뜻대로 하던 인간의 존재가 무색하다. 할 수 있는 건 그냥 있는 것. 불규칙한 숨이라도 쉬면서 그냥 버티는 것. 화살처럼 다가와서 쏘는 1초. 나를 뚫고 지나가는 1초. 멈춘 듯한 시간은 그렇게 흘러간다. 오후 3시쯤 통증이 멎었나 보다. 7년 전 하루는 뇌리에 강력하게 남았다. 번쩍이는 카메라 불빛의 기능처럼.

잘 자기 시작한 지 6개월이 지났다. 밤새 꿀잠을 먹고 새 날을 맞이하는 오늘. 눈을 뜨니 아침 아홉 시다. 남편이 휴가여서 가능한 일. 온몸에서 환호하는 소리가 들려온다. 기쁨의 샘이 넘쳐흐른다. 아침을 서둘러 먹고 감자를 쪄서 남편 손에 들려 보낸다. 어머니께서 계시는 요양 병원으로. 믹스커피를 한 잔 마시고 숨 좀 돌리는데 톡이 온다. 독서실에 공부하러 간 아들에게서. "엄마! 언제 점심 먹으러 가?" ㅎㅎㅎ. 밥 먹은 지 두 시간도 채 안 됐는데 아들은 배가 고픈가 보다.

 어제 큰 형님 텃밭에서 따온 가지가 있지. 가지로 무슨 요리를 해야 할까. 가지 세 개를 아주 작게 깍둑썬다. 소금에 재고 십 여분 지나 꾹 짠다. 당근도 잘게 썬다. 밀가루 네다섯 수저. 다진 돼지고기를 커피잔으로 한 컵. 달걀 두 개와 마늘, 국 간장 한 수저. 모두 넣고 반죽을 만든다.

 프라이팬에 기름을 두르고 빵가루를 군데군데 뿌린다. 빵가루 위에 반죽을 한 수저씩 올린다. 올려놓은 반죽 위에 또 빵가루를 조금씩 뿌려 뒤집는다. 빵가루 때문에 바삭바삭. 노릇노릇한 돼지고기 가지전 완성. 아들 입 속으로 줄줄이 들어간다. 맛있게 먹는 모습에 나오는 함박웃음. 이렇게 행복해도 되는 거니?

 이 순간 감사할 거리가 심장처럼 뛴다. 얼마 전 인천 친정집에 다녀왔다. 왕복 7시간 동안 차를 탈 수 있어서 감사하다. 허리가 아파서 앉지도 일어서지도 못한 날도 있었으니. 나를 위해 기도해 준 믿음의 친구가 있어서 감사하다. 버려진 것 같은 마음에 등불 하나 켰으니. 문학회와 글동무를 선물로 주셔서 감사하다. 인생의 하프타임에 작가가 되는 길 위에 서게 했으니. 자신을 향한 부정적인 자아상에서 벗어나게 하시고 새롭게 빚으심에 감사하다. 아픔 속에서 교훈을 받는 지혜를 허락하셨으니.

 평생 쓴 일기장 속에서 살아계신 주님을 보게 하시니 감사하다. 지나온 길에서 지은 죄를 고백하는 일기장이었으니. 마음속에서 주님을 향한 찬양이 솟아나니 감사하다. 야곱이 의지한 하나님의 얼굴을 바라보며 약속하신 말씀이 이루어질 것을 기다리게 하셨으니. 약할 때 강함이 되시는 주님께 감사하다. 사막에서 혼자 살아가는 법과 홀로 서는 법을 가르쳐주셨으니.

밤마다 스르르 잠들게 하시니 감사하다. 그토록 그리워하던 꿈을 꿀 수 있으니. 말씀으로 가르쳐 주시고 세미한 음성으로 인도하셔서 감사하다. 자신에게는 절망뿐이지만 하나님이 나와 함께 하신다는 말씀으로 기쁨이 넘치니. 깨달은 것을 글로 적을 수 있어서 감사하다. 진짜인 줄 알던 가면을 벗는 순간이니. 날마다, 날마다 새롭게 시작할 수 있어서 감사하다.

초록 잎사귀들이 군무를 춘다. 덩실덩실.

2024. 8. 5.

기적

사는 것은 무엇인가.

더 고민하지 않을 것이라고 생각했다. 방황을 끝냈기에. 하지만 또 다른 근심거리가 요동친다. 마음속에 바람이 모질게 분다. 도대체 무엇이 번뇌하게 만드는 걸까. 번뇌는 어디에서 오는 걸까. 5개월 동안 백수로 있다가 들어간 회사. 너무나 보잘것없고 비전이 보이지 않는다. 말은 비서직이지만 몸으로 이리저리 뛰어다니다가도 한없이 한가할 때가 많다. 이곳이 믿을만한 곳인지 맡겨진 일은 전문성이 있는 건지. 이런저런 생각에 말도 없어지고 자꾸 시무룩해진다. 현실에 충실하고 감사하면 언제 어디선가 기적 같은 일이 다가올까. 바람처럼.

일주일이 지나도 회사에 대해 이어지는 실망. 내 위치도 우스워 친구 회사에 빈자리가 생기면 알려달라고 부탁해 놓았다. 업무에 관해 초라함이 자신을 더 보잘 것없게 만든다. 이 나이에 어디 받아줄 곳도 없는데. 김 이사님이 몇 살이냐고 묻더니 시집갈 때까지 다니라고 하신다. 풍선처럼 부풀어 오르는 생각을 아셨는지. 웃음으로 대답을 피했다. 이사님은 자신을 오라는 데가 많단다. "저는 오라는 데도 없어요." 답하고 나니 마음을 녹여주는 말이 들려온다. "넌, 내가 데려갈게. 걱정하지 마." 입꼬리가 활처럼 휜다. 하늘을 향해.

입사한 지 9개월이 지났다. 94년도가 손에서 벌써 떠나버렸다. 공부할 걸 그랬다는 후회가 든다. 너무나 모르는 게 많다는 걸 뼈저리게 느끼는 요즘. 효진이나 주과장님이나 류미 언니는 너무나 박식하다. 대화하다 보면 부족함을 느낀다. 이때마다 열등감이 쑥 고개 내민다. 대졸과 고졸의 차이가 여기에서 나는 걸까. 공부하고 싶다. 나는 왜 이리 이해력도 없고 느려 터졌을까. 쉴 새 없이 머릿돌을 굴린다.

지친다. 12시 50분에 외출해서 5시에 들어왔다. 건설공제조합, 고속버스터미널과 중소기업 은행에 다녀왔다. 사무실에 들어서는 순간 왕짜증이 난다. 지쳐서 말하기도 웃기도 싫다. 밖에서 돌아다니며 일한 것이 다 쓸모없는 듯하다. 체력이 달려 지치면 근본적인 문제까지 파고 들어간다. 과연 이것이 내가 할 일인가. 질문하다가 문득 떠오르는 한 문장. 사람이 일을 만들고 개척하는 거야. 일이 사람을 만드는 것이 아니라, 사람이 일을 만드는 거지. 괴롭히던 하얀 거품이 파도에 떠밀려 간다.

비 몸살을 한다. 스물다섯이란 나이가 또 얼마나 아프게 할까. 요즘 시간이 너무나 빨리 지나간다. 아니 빠르다는 느낌보다 무감각하다는 게 더 맞을성싶다. 그냥 멍한 생각으로 하루를 대강 보낸다. 더 비참한 건 꿈이 없다는 사실이다. 도대체 어떻게 해야 큰 사람, 대범한 사람이 되는 걸까. 삶은 고민투성이에다 번민 그 자체이다. 덩어리진 생각의 형체가 부스러져 가루가 되는 듯하다.

앞날을 개척해 나가야 하는데 과연 어떻게 살 것인가. 춘자는 아기를 가졌고 난 계속 회사에 다닌다. 여자의 일생이 허무하다. 좀 더 전문적이고 좀 더 눈을 크게 떠야 하는데. 세상은 나를 원할까. 과연 날 필요로 하는 곳은 있긴 할까. 한숨이 넋두리처럼 터져 나온다. 어쨌든 인생의 짐은 홀로 져야 하는 것. 누군가 그랬다. 괴로움을 느낀다는 건 살아있다는 증거라고.

어제저녁 8시 반부터 잤는데 새벽 3시에 눈을 뜨고 펜을 든다. 요즘은 거의 대여섯 시간 정도 자는데 잠도 많이 줄어든 것 같다. 일기를 쓰는 것도 참으로 허무하다. 활자에 몸을 기대어도 남는 건 냉기뿐.

날씨가 춥다. 봄이라고 느끼기에 바람이 너무 세고 햇빛도 차다. 공원에서 4월부터 꽃 축제가 있다고 벌써 시끌시끌한데, 날 그곳에 데려다줄 사람이 없다. 봄인데도 추운 게 서러운 건 마음이 시리기 때문일까. 어떤 그리움이 이렇게 외롭게 만드는 것일까. 어깨를 감싸줄 사람은 지금 어디 있는가. 아직 준비를 덜 했나 보다. 사랑할 자세가 아직 안 됐기에 운명과도 같은 사랑이 안 나타나는 걸까.

강남에 있던 사무실에서 청량리 경찰서 공사현장으로 발령받았다.

얼마 전 순창 강천사에서 직원 단합대회가 있었다. 신입직원인 건축기사랑 한 조가 되어 판촉활동을 했다. 주변 식당에 들어가서 보배소주를 들고 홍보했는데, 그가 청량리 경찰서 공사현장으로 온단다.

  기적은 평범한 삶에 비밀처럼 숨어있는 걸까.

2024. 4. 1.

선물

손전화기가 온몸을 부르르 떤다. 그녀다. 김밥을 만들려고 손에 낀 위생장갑을 빛의 속도로 뺀다. "미야!" 그녀 목소리가 들려온다. "나 오늘 너무 슬퍼." 왜냐고 묻고서 1초 만에 후회했다. "온종일 아들 생각이 나서 힘들었어." 얼마나 아팠을까 생각하니 가슴이 조각나는 듯하다.

작년 12월 마지막 날. 그녀는 다 큰 아들을 교통사고로 잃었다. 아들을 떠나보낸 이가 얼마나 밥을 챙겨 먹을 수 있을까. 벼랑 끝에 서 있는 그녀에게 용기를 내어 연락하고 식사하는 자리를 마련했다. 아들을 향한 그리움에 울다가 웃고 웃다가 우는 그녀를 바라보았다. 아들과 함께한 시간은 연기처럼 어른거리다가 깊은 한숨으로 흩어졌다. 그저 들어주었다. 죽을 것 같은 상황 속에서 내 이야기에 귀 기울이는 사람. 단 한 사람의 존재가 얼마나 소중한지 알기에. 자식 잃은 어미가 삼시 세끼를 얼마나 챙겨 먹을 수 있으랴. 날 만났을 때도 잘 먹기를 바랐다.

우리는 어두문학회를 통해서 작가로 등단했다. 작년 11월. 절망으로 가득 찬 하루를 보내다가 그녀가 떠올라 연락했다. 이전까지는 서로 낯선 존재였다. 비교할 수 없는 꽃무늬를 지닌 그녀는 첫 만남 속에서 큰 위로였다. 이상하게 잘 통했다. 서로의 글 속에서 비 갠 뒤 떠오르는 무지개를 보았을까.

지난 성탄절, 우리는 마다가스카르에 우물을 하나 팠다. 아들이 일해서 보내준 돈을 그냥 쓸 수가 없다고 했다. 우물을 파면 지역주민까지 오천 명이 물을 마실 수 있다는 기쁜 소식에 둘이 폴짝폴짝 뛰었다. 그러나 아들은 예고 없이 세상을 떠났다. 기쁨의 함성을 지른 지 엿새 만에.

아들을 보내고 맞은 설 명절. 또다시 가슴을 쓸어내려야 했다. 아들이 하늘로 가기 전 예약해 놓은 명절 선물이 택배로 오다니. 설은 1월 중순인데 12월에 엄마에게 줄 선물을 준비해 놓다니. 그녀와 함께 슬픔의 밥을 먹고 눈물의 커피를 마셨다. 삶을 송두리째 빼앗기는 고통 속에서 눈물 구멍을 막으면 안 된다. 슬픔을 쏟아내지 않으면 숨통이 막힌다. 나 혼자 내동댕이쳐진 것 같은 어둠 속에서 함께 할 사람이 필요하다. 그녀에게 따뜻한 담요 한 장이 되고 싶었다. 나에게도 햇살처럼 함께 해준 손길이 있다. 춥고 외로운 긴 터널 속에서.

마다가스카르에서 완성한 우물 사진을 보내왔다. 우물을 둘러싼 밋밋한 벽에는 어린 왕자가 있다. 저번에 보내온 사진에는 없었는데. 나는 어린 왕자를 보고 하루 종일 들떠서 기뻐했는데 속이 타들었던 게다. 전화를 받고서야 알았다. 우물 속에 아들의 삶과 땀이 녹아있다는 것을. 그리움이 장대비로 쏟아졌던 게다.

전화 한 이유를 알았다. '아시지요'를 불러달란다. 그녀가 최근에 알게 된 이 찬양. 손전화기를 통해 내 목소리는 기도가 되어 비통해 하는 이에게 흘러간다. "아시지요. 아시지요. 아시지요. 주님. 아시지요, 아시지요, 아시지요. 주님." 노래를 불러주고 나니 나를 찾아주는 그녀가 고맙다. 아들 생각이 나면 '아시지요.' 노래를 부르고 싶은데 음정이 생각 안 난단다. 그래서 나에게 전화했단다. 불 한 덩이가 속에서 올라온다.

시간이 흘렀다. 그녀의 소식이 종종 들려왔지만, 더 가까이 갈 수 없다. 가시로 찔린 마음의 천만분의 일도 난 알 수 없다. 멀찍이 서서 헤아려 볼 뿐. 다시 성탄절이 돌아왔다. 그런데 웬일인지 빗방울이 떨어진다. 아들이 사고 난 지 꼭 1년이 되어서일까. 뿌연 창문 밖으로 마다가스카르가 비친다. 우편배달부가 내 마음을 읽었을까. 그녀의 얼굴이 아슴아슴해질 무렵, 전주 신일교회에서 간증한다는 소식이 들려왔다. 스승님께서 내게 응원하러 교회에 갈 수 있겠냐고 물으신다. 그녀를 향한 마음이 뜀박질한다. 꽃바구니를 들고 발걸음을 옮겼다.

시력이 안 좋은 나는 멀찍이 있는 그녀를 알아보지 못했다. 스승님의 손에 이끌리어 내 앞에 나타난 그녀. 오랜만에 이루어진 만남에 우리는 꼬옥 껴안았다. 중천에 떠오른 햇살이 반짝거리는 순간. 환한 미소로 가득 찬 얼굴이 대추같이 익는다. 예배 끝나고 보자며 그녀가 다급히 앞자리로 향한다. 마주 보고 앉아서 간증을 듣는데 스승님께서 눈물을 훔치신다.

  쉽사리 헤어질 수 없기에 이른 저녁을 먹기로 했다. 식당에 앉아 그동안 못다 한 이야기를 두런두런 나누는 시간. 서로에게 난로가 되어주는 선물 같은 시간.

  어둠이 깔리며 별이 하나둘 깨어난다.

*아슴아슴하다: 아슴푸레하다의 방언. 기억이 또렷하지 않고 조금 희미하다

2023. 4. 18.

그 여자

그의 발자국을 뒤쫓는다.

그는 과연 어디에 있을까? 그는 도서관에서 책 빌리는 걸 좋아한다. 책을 좋아하지만, 많이 읽지는 않는다. 인내심이 부족해서 책 한 권을 고르면 끝까지 읽지도 못한다. 다만 마음에 드는 한 구절을 발견하면 봄비를 품은 구름마냥 기뻐한다. 때론 그림 동화를 펼치고 배실배실 웃기도 한다. 어떤 책보다 동화책이 주는 감동이 더 짙다고 생각하기에.

어린 시절에 관한 고통을 가슴에 깊이 묻었다. 시시때때로 아픔에 대한 기억은 불쏘시개처럼 찔러댄다. 예고 한마디 없이. 자라면서 어른을 향한 긍정적인 마음은 사라졌다. 사랑이 메마른 어른의 세상을 알고 싶지도 않았다. 작디작은 자신만의 세계를 만들었다. 몇 발자국 옮기면 장미꽃이 다시 나타나는 어린 왕자의 별 같은. 이건 바람꽃이야 저건 복수초야. 옆에서 아무리 외쳐도 꽃에 대해 눈을 감고 귀를 닫았다. 오직 자신만의 장미만 있으면 되었다.

그가 쓴 일기는 온통 하나님 이야기로 꽉 차 있다. 중학교 1학년, 6월 어느 날. 열 감기에 걸렸다. 엄마가 약을 지어오겠다고 하셨다. 그날 벌어 오신 돈으로. 그는 한사코 말렸다. 요셉이네 아주머니에게 기도를 받으면 나을 거라며. 요셉이네 아주머니는 집주인인데 기도를 많이 하신다.

곧이어 아주머니께서 오셔서 그의 이마에 손을 얹고 기도해 주셨다. 그리고 일어서며 이렇게 얘기해 주셨다. "은미가 외로움을 많이 느낀다고 하시네요." 삼십 여분 지나자 정말 열이 내렸다. 그날 일기 마지막 줄에 이렇게 썼다. "주님께서 날 지켜주시니까, 난 이제부터 좀 착하게 살고 교회에 잘 다녀야겠다." 구멍 뚫린 마음을 알 수 없는 존재가 덮어주었다. 일기장만 펼치면 어떤 끈이 그를 붙잡고 있는 것 같았다.

모든 인생이 그렇듯 그 또한 어둠의 긴 터널을 맞이한다. 저를 살려내세요. 그는 십 여 년 긴긴 시간, 밤새도록 천사와 씨름한 야곱이 되었다. 용광로 같은 시련이 너무 억울했기에 삶의 지경을 넓혀달라고 때 썼다. 인간이란 참으로 모순덩어리다. 언제나 하나님의 도우심을 받으며 살아가건만. 고통마저 하나님에게 해결하라고 요청하다니. 자세히 들여다보면 고통을 일으킨 원인은 자신에게 있다. 인간의 잘못을 하나님에게 대신 지라는 염치없는 행위는 예수를 다시 십자가에 못 박는 일이거늘.

 인간이 요청을 반복하면 어느 땐가 신은 받아주신다. 그냥 놔뒀다가 안 되겠다는 생각이 드시는지. 그는 비통한 외침 속에서 알 수 없는 위로를 받는다. 순간 자신이 얼마나 말씀에서 멀리 떨어져 살아왔는지 깨닫는다. 그 안에 있는 이기심과 탐심, 욕망의 덫을 벗어버리는 과정. 몸부림치던 끝자락에서 운명이 될 어두문학회를 만난다.

 어려운 일이 생기면 놓고 있던 펜을 끈질기게 붙들어서일까. 그의 글감은 참 구성지다. 여기서 흘려듣고 저기서 주워들은 이야기를 제법 글로 잘 풀어쓴다. 문학 동아리 시간에 준비해 간 글을 읽을 때면, 꽤 잘난 척 하는 것 같다. 의기양양한 모습을 봐서는. 친구들 앞에서 이야기보따리를 풀어내는 빨간 머리 앤이 되어 달콤한 솜사탕을 나눠준다.

 아프면서 생긴 인내심으로 술술 풀어쓴 그의 삶. 그가 잘 키워낸 텃밭을 묵묵히 바라보며 응원하는 작가들. 살아가야 할 힘을 충만하게 얻는 순간이다. 잘하는 게 아무것도 없다고 생각했다. 쪼그라든 감자처럼 자존감이 말라버렸다. 글을 쓸 때마다 꼭꼭 숨어있던 열정이 아그데아그데 매달리는 걸 본다. 평생 곰실곰실 모여 있던 뾰족한 상처. 꽁꽁 동여맨 마음과 숭숭 자란 불안. 이 모든 것이 글밭에서 노래하는 재료라니. 꾸역꾸역 살아온 날이 평생 근원을 알 수 없던 그리움의 실체를 와락 껴안는다. 늘 스산하던 마음의 창가가 따뜻하다. 난롯가에 앉은 듯.

그는 스스로 위로하기 시작했다. 세상에서 가장 고통스럽게 사는 이들을 마음 곁에 두었다. 아프리카에서 먹을 것이 없어 굶어가는 아이. 지진이 나서 거할 곳이 마땅치 않은 가운데 삶의 터전을 잃은 사람. 원치 않는 전쟁 속에서 생사의 갈림길에 선 이. 그리고 북한 주민. 이들을 떠올리면 그가 벼랑 끝이라고 생각한 곳은 더 이상 벼랑이 아니다.

이 세상에 태어난 것은 자신만 잘 먹고 잘살려고 한 게 아니다. 그는 세상에 도움을 주고 싶어 한다. 지난 성탄절 아침. 눈을 뜨자마자 마음에 문득 한 말씀이 떠올랐다. "선한 일을 하다가 낙심하지 맙시다. 지쳐서 넘어지지 않으면, 때가 이를 때에 거두게 될 것입니다." 갈라디아서에 있는 말씀이다. 선한 일이 무엇일까 곰곰이 생각하다, 소유정 전도사님을 찾아갔다. 얼떨결에 아프리카 우물 파는 일에 동참했다. 마음이 구름마냥 하늘로 붕 떴다. 우물을 하나 파면 지역주민까지 오천 명이 마실 수 있다는 소식에. 아프리카에 계신 선교사님으로부터 '크리스마스의 기적'이라는 소식이 들려왔다.

그가 여기 있다. 그 여자가 바로 나다.

*아그데아그데: 열매 따위가 잇따라 많이 매달려 있는 모양
*곰실곰실: 작고 느리게 조금씩 자꾸 움직이다

2023. 1. 15.

아름다운 시절

아담과 하와가 만났다.

스물여섯 살에 전주로 시집간다고 했을 때 주변에서는 안타깝게 여겼다. 외국으로 이민 가는 사람 바라보듯. 결혼 소식을 들은 이들의 눈빛이 말했다. 서울을 벗어나면 안 되지. 지방은 불편한 곳이야. 눈에 콩깍지가 씌어서 외국이든 전주든 상관없이 설레기만 했다. 두둥실 떠다니는 구름마냥.

전주 기린로에 있는 농협에서 결혼했다. 결혼 날짜를 정해놓고 식장을 구하는 게 쉽지 않았다. 5층에 있는 농협 결혼식장은 시골스런 분위기를 연출했다. 싼 대여료 덕분에 하객이 앉는 자리에는 사무실처럼 커다란 책상이 줄지어 있다. 서울에서 온 친구들에게 촌스런 결혼식장이 살짝 낯부끄럽기도 했을 터. 궁궐같이 반짝이는 곳에서 결혼하는 친구가 부럽기도 했지만 아무래도 상관없었다.

  신혼여행지에서 청천병력 같은 연락을 받았다. 회사 부도 소식을. 남편은 시끄러운 회삿일을 뒷마무리했다. 뭐가 그리 급했는지 우리는 친정집에서 신혼을 시작했다. 네 평도 안 되는 내 방에서. 엄마는 함께 출근하는 딸과 사위의 밥상을 아침저녁으로 챙기셨다. 두 달 정도 지나 임신하자 심한 입덧으로 8킬로가량 빠졌다. 누우면 척추가 바닥에 배겨서 힘든 시기. 내가 먼저 회사를 그만둬야하는 상황이 왔다.

  부도 난 청량리 경찰서 공사현장의 일을 마무리하고 남편은 사직서를 냈다. 우리는 5개월 만에 전주로 내려왔다. 전주 대성동 영동고덕 아파트에서 시작한 신혼살림. 남편은 몇 번 회사를 옮겼고 여러 건설 현장에서 근무했다. 남편은 하루 종일 혼자 집 지킬 각시를 안아주며 토닥였다. 출근하는 아침마다. "사람들이 하는 말이 5년만 잘 버티면 적응한대." 만 리 길 같은 5년. 타향살이로 소쩍새는 날마다 울어댔다.

  대성동은 대도시가 주는 편리함과는 아주 거리가 먼 곳. 조금만 가면 완주군 상관면이 나오는데 전주 끝이라 할 수 있다. 동네에 정육점, 생선가게도 없다. 장을 보려면 시내버스를 타고 남부시장까지 가야한다. 시내로 나가려면 정거장에 앉아 삼십분이나 기다려야 했다. 시시때때로 버스가 줄이어 오는 서울과는 달리. 지금은 버스노선 앱이 있어서 시간에 맞춰 정거장에 나가면 편리하다. 당시엔 교통이 주는 불편함이 가장 큰 문화 충격이었다.

편리한 점이 있다면 딱 하나. 시댁인 관촌과 거리가 가깝다는 것. 서울의 높은 빌딩에 익숙했던 눈은 시골 풍경이 낯설었다. 홀로 둥둥 떠 있는 별처럼 외로움에 마음 둘 곳 없었다. 어딜 가도 5층을 넘어서지 않는 건물. 눈앞에 펼쳐지는 들판을 지날 때면 서러움의 꽃이 폈다.

감성을 자극하던 종로 거리. 피카디리 극장과 서울 극장이 있던 번화한 도시. 영화표를 예매하고서 활보하던 모습. 돈암동에서 친구와 만나 와자지껄 수다 떨던 장면. 혜화동 마로니에 공원 여기저기서 주말에 하던 공연이 날 향해 손짓했다. 고향을 향한 향수는 갈수록 더해갔다.

밤마다 밖에서 개구리가 목청껏 노래 부르는 소리가 싫었다. 딸이 돌 무렵이던 어느 날. 거실 커튼을 열어젖히자 무언가가 보였다. 집안으로 청개구리가 소풍 온 게 아닌가. 서울에선 있을 수 없는 상황에 기절초풍했다. 개굴아! 사방으로 뛰지 마라. 주문을 외며 안방으로 줄행랑쳤다. 아기를 잽싸게 들쳐 업고서. 남편이 퇴근할 때까지 안방 문을 꼭 닫고 가슴 졸였다. 어떻게 이런 일이 있을 수 있냐며 이야기를 쏟아내는 도시 여인. 남편은 아내를 바라보며 껄껄 웃었다.

IMF가 터졌다. 금 팔기 운동이 벌어졌다. 우리 집도 첫애가 돌 때 선물로 받았던 반지를 모두 내놓았다. 결혼할 당시 남편 월급은 백만 원이 조금 넘었다. 참 빠듯했다. 가족은 네 명으로 불어났다. 입에 풀칠하느라 비싼 과일을 사 먹일 돈도 없었다. 대학은 어떻게 보낼지 미래에 대한 불안함까지 엄습해 왔다.

살림이 궁색했지만, 자연은 가족을 웃게 했다. 봄이면 쑥과 달래를 뜯고 갯벌에서 조개도 캤다. 여름이면 동상 계곡을 찾았다. 어디를 가든지 차를 한쪽에 세워서 라면을 끓여 먹고 삼겹살을 곧잘 구워 먹었다. 세상 어떤 것도 부럽지 않았다. 비싼 외식은 못 했지만, 경험하는 것마다 동그란 눈으로 호기심을 보이던 아이들의 모습이 엊그제 같다.

우리 부부의 삼사십 대가 바람처럼 지나갔다. 아이 키울 때가 제일 좋은 거라던 어른의 이야기를 귓등으로 들었는데, 뒤를 돌아보니 과연 그때가 소중한 시간이었구나. 위대한 책의 진짜 보물은 행간에 있다고 한다. 새끼에게 모이를 물어다 주던 어미 새의 지난 세월이 꼬물꼬물 올라온다. 내 입은 어느새 전주 사투리와 억양이 잔뜩 배였다.

거울 속에 비슷한 두 얼굴이 보인다. 세월 속에서 닮아가는 우리 부부의 얼굴이.

2023. 10. 9.

축복

눈부신 햇살 사이로 새빨갛게 물든 열매가 탐스럽다.

죽음의 골짜기를 지나왔다. 8여 년 전, '외상 후 스트레스'로 인해 잠이 사라지기 시작했다. 내면의 어린아이가 만난 절망적인 상황으로 인해 잠이 증발한 것. 새벽에 벌떡벌떡 일어나면서부터 모든 신경 세포는 쉼을 잃었다. 때맞춰 불면증 환자의 사망 소식이 줄곧 뉴스에서 들려왔다. 밤마다 뜬 눈으로 탄식했다. 구슬픈 달빛을 베개 삼아.

수면제를 복용한 지 3년째 접어들던 작년 1월. 허리 통증에 소화 장애까지 겹쳤다. 입맛이 사라지고 속이 울렁거렸다. 이 낯선 증상은 나를 절망의 구렁텅이로 내몰았다. 1년 내내 먹기만 하면 아래로 다 쏟아냈으니 살 붙을 겨를이 없었다. 10kg이 빠졌다. 허리가 아플 때마다 먹는 약이 독해서일 거라며 약을 탓했다.

잠 못 드는 것도 괴로운데 잘 먹지 못하면서 배설의 기쁨도 빼앗겼다. 생리적인 욕구를 빼앗긴 설움은 정신적인 고통으로 이어졌다. 나는 왜 나일까? 고민했고 모든 선택의 순간 길을 잘못 들어섰던 장면을 떠올렸다. 신을 저주할 수 없으니 나 자신을 저주하고 싶었다. 불같은 고통 속에서 퍼즐 조각이 안 맞춰진다며 부르짖었다. 별빛이 깊어가는 밤은 참으로 길었다.

이런 나에게 한 가닥 빛이 다가왔다. 어느 날 CBS '새롭게 하소서'를 들었다. 『나는 수면제를 끊었습니다』라는 제목에 동공이 커지는 게 아닌가. 수면제를 끊어? 호기심이 발동했다. 3년 동안 날마다 먹던 세알의 수면제를 서서히 줄이고 있었기에. 시청하면서 알았다. 내가 고생한 원인이 수면제 금단현상이었다는 것을. 곧바로 정윤주 작가의 책을 사서 숨 가쁘게 읽어 내려갔다.

작년 1월 말 허리를 다쳤을 무렵. 왠지 수면제를 끊고 싶은 마음이 컸다. 수면제를 아주 조금씩 줄이기 시작했다. 한 알을 여섯 조각으로 나눠 한 조각씩 줄여나갔다. 한꺼번에 끊으면 안 된다는 정보는 이미 알던 터. 긴 시간에 걸쳐 조금씩 약을 줄이면 언젠가는 끊을 수 있겠지 생각했는데. 영문도 모른 채 수면제 금단현상에 시달리고 있었다니. 우산도 없이 폭우에 맞선 것이나 다름없다.

수면제 금단현상으로 환청을 들었다는 저자. 온몸이 쭈뼛쭈뼛 했다. 누우면 환청이 들렸던 순간이 있었기에. 당시 미쳤나 하는 생각과 함께 너무 심각하게 받아들이지 않으려고 애써 외면했다. 체력이 떨어져서 그런 게 아니었구나. 예민해서도 아니고 스트레스를 받아서도 아니었구나. 인생의 영원한 수수께끼가 풀리는 순간이었다. 저자는 약을 끊고 금단현상이 사라지기까지 2년 동안 고생했단다. 금단현상을 온몸으로 뚫고 헤쳐 가야 할 앞길이 까마득했다. 이제까지 고생한 게 기특하기도 하면서. 원인을 깨달은 이상 남아있는 약 한 알을 완전히 끊기로 작정했다. 용기 내어.

장장 8년 10개월 동안 출입문을 찾지 못하고 같은 길을 돌고 또 돌았다. 어둠은 너무 깊었다. 이해할 수 없고 받아들일 수 없는 상황 가운데 잠 못 드는 이들이 얼마나 많은지 알았다. 그들의 아픔이 얼마나 큰지 온몸으로 겪었다. 아무리 뜨거운 물로 샤워해도 떨리는 뼈. 쉬지 못해 절규하는 오장육부. 불타는 눈과 머리를 찌르는 고통에 하혈까지. 지옥이 따로 없었다. 상처받은 나를 껴안고 또 껴안았다. 무의식 저 밑바닥 속에 있는 무기력이 생명을 삼키려 했기에.

애절한 마음으로 글을 썼다. 글을 쓰며 내 안에 있는 상처를 끄집어냈다. 이렇게 직접 가족 얘기를 해도 되는가. 내 마음이 겪는 상태를 고스란히 표현해도 괜찮은가. 고민하는 건 단 오 분으로 족했다. 살려고 글을 썼다. 절망에서 돌이키기를 반복한 나. 이제까지 잘 견디고 인내한 내 모습을 스스로 축복한다. 수면제도 완전히 끊었노라. 일주일 넘게 잘 자는 나를 축복한다. 한 송이 꽃을 잘 피웠노라. 여태껏 잘 버틴 나를 축복한다.

책 한 권을 들고 카페로 향한다. 아중호수를 바라보며 옥상에서 펜을 든다. 호수는 평온하게 누워 윤슬로 반짝인다.

울긋불긋 물든 산의 포옹을 받으며.

2022. 11. 16.

찰나의 순간

추적추적 하루 종일 비가 내린다.

  지난주 삼겹살을 먹고서 배탈이 났다. 며칠째 죽을 쑤어 먹고도 낫지 않으니 몸은 곧 쓰러질 것만 같다. 2년째 반복하는 시간. 견디다 못해 오늘 아침에는 병원을 찾았다. 살 빠진 모습을 보고 원장님이 한숨을 내쉰다. 종합건강검진을 한 결과를 보더니 3주치 약을 지어 주신다. 특별한 병명이 나오지 않았다. 심각한 상태가 아님에 감사하지만 나는 계속 시달리고 있다. 살이 찌려고 하면 아프기를 반복해 뼈만 앙상한 몸이다. 동굴 속에 갇히는 찰나의 순간. 어둠에서 신음하는 소리가 들려온다.
  집에 돌아오니 휴대폰에 예수님 얼굴 그림이 도착한다. 친구로부터. 예수님 얼굴 가면을 만들어야 하니 도안을 그려달란다. 친구는 교회 청소년부 여름 수련회를 준비하고 있다. "가면 도안은 내게 누워서 떡 먹기지." 달력 한 장을 뜯어서 연필을 잡고 그린다. 쓱쓱. 완성한 가면 도안을 들고 앞집에 사는 친구네 집을 찾는다. 벌써 만들었냐며 웃는 친구. 30여분 동안, 달달한 시간을 보내고 돌아왔다. 쑥 내음 가득한 차 한 잔을 나누며. 축축한 동굴 안으로 햇살이 들어오는 찰나의 순간이다.

아침은 굶고 점심으로 죽을 조금 먹었으니 기운이 날 리 없다. 나는 왜 존재할까. 어떻게 살아야 할까. 마음은 또다시 캄캄한 동굴 속으로 빠져든다. 순간 옆에서 휴대폰이 부르르 떤다. 양볕꽃 작가다. "언니" 날 부르는 목소리가 물기를 머금은 듯 촉촉하다. 오늘 날씨처럼. 무슨 일일까? 신경세포는 이미 양볕꽃 작가 옆에 앉았다.

요 며칠 사이 속상한 일이 많았나 보다. 그동안 있었던 일을 꺼내 놓는다. 엎친 데 덮친 격으로 운전하다가 접촉사고까지 나서 병원에 입원했다고 한다. 위기에 강한 사람 양볕꽃 작가. 지혜를 본받고 싶은 마음이 밀려온다. "양희 씨. 얘기 듣다 보니 내가 일어나야겠네." "그래. 언니." 참 이상하다. 동굴에서 빠져나오는 찰나의 순간이다. 이야기를 듣기만 했을 뿐인데.

몸을 일으켜 얼른 마트로 향한다. 더워서 반찬거리가 마땅한 게 없다. 고구마 줄기 한 묶음을 샀다. 상인이 길가에 내놓은 다슬기도. 고구마 줄기 껍질 벗기고 다슬기 까는데 한 시간 반이 훌쩍 넘는다. 역시 손 많이 가는 음식이 뱃속을 위로한다. 나를 웃게 하는 찰나의 순간이다. 향기 나는 밥상 앞에서.

찰나는 어떤 일이나 현상이 이루어지는 바로 때를 의미한다. 인터넷에서 찰나의 사전적 의미를 찾다가 우연히 앙리 카르티에 브레송의 사진전을 보았다. '삶의 찰나를 영원에 담아내다: 결정적 순간'이라는 제목의 사진전이다. 앙리 카르티에 브레송은 프랑스의 세계적인 사진작가다. 현대 사진에 영향을 크게 준 작가로 보도 사진이 예술로 인정받는 데 영향을 많이 끼쳤다.

작품에 대한 설명을 살펴본다. 그는 사진을 찍을 때 상대편이 의식하지 못하도록 조심히 다가간다. 달아나는 순간 사이에서 사진기 셔터를 누른다. 인간적인 모습으로 가득 찬 찰나의 순간이 사진으로 탄생하는 것. 나도 모르게 사진 속 장면으로 빠져든다. 빠르게 달아나는 순간 속에 인생의 의미가 담긴 듯하다. 말로는 표현할 수 없는 무언가가 마음에 깊은 울림을 준다.

무의미한 것 같이 보이는 오늘 하루. 소소한 일상 속에는 우리가 알지 못하는 것이 들어있다. 시간이라는 보물이. 우리에게 주어진 시간은 끝이 있다. 숨을 쉬며 사는 동안이 기적의 순간이라는 사실을 쉽게 놓친다. 시간이라는 보물의 소중함을 잃는 이유는 무얼까. 남과 비교하며 더 가지려 하고 이런저런 판단 속에서 자신의 몸과 마음을 해치는 것에 있지 않을까. 어쩌면 상황에 떠밀려 거대한 바다가 만드는 파도 속에 갇히기도 한다.

일렁이는 파도를 이기는 힘은 오직 이 순간을 감탄하는 힘에 달려 있지 않을까. 여러 심리학자는 일관되게 말한다. 스트레스를 피하고 감사하는 습관을 들이라고. 한 달 전, 감사노트를 만들었다. 저녁마다 노트를 펼친다. 하루 동안 있었던 모든 짜증 거리가 감사 거리로 바뀌는 순간. 어느덧 나를 집어삼킬 듯한 파도는 잠잠해진다. 조용히 모래를 껴안듯.

   이 세상에 결정적 순간이 아닌 것은 없다. 지나온 길에서 상처의 흔적만 찾기에는 우리네 삶이 너무 아깝다. 내성적인 성향으로 생각을 많이 하게 된 나. 생각이 많다는 건, 철학적인 사람이라는 뜻일 테다. 글을 쓰기에 꽤 유리한 환경에 있다는 뜻 아닐까. 찰나에서 영원을 보고 싶다.

   비가 멎고 햇살이 사무친다.

2022. 7. 19.

시간의 약속

　대학 입학은 뿌연 안개 속에 있던 나의 버킷리스트. 경험하지 않으면 죽을 때 가장 후회할 것 같았다. 너무 까마득하여 이룰 수 없는 꿈이기에 마음속에 빗물로 글씨를 새겨 놓았다. 시간은 흘렀다. 방통대에 다니는 동생의 환한 얼굴을 바라보던 어느 날. 내 안에 어떤 빛이 들어와 비추더니 노래를 부르기 시작했다. 흥얼흥얼. 아! 나도 대학에 가고 싶다.

　대학생 자녀 둘을 둔 가정주부로서 어림도 없다. 자녀 결혼에 우리 부부의 노후까지 걱정하는 남편. 단단한 벽 앞에 서 있는 듯하다. 한 번 떨어진 씨앗은 땅속 깊은 곳에 자리 잡았다. 씨앗은 칠흑 같은 곳에 머무르다가 한 번씩 부를 때마다 살포시 웃음을 주었다. 따사로운 햇살처럼 나를 반기는 미지의 세상이 주는 기쁨. 인생에 찾아오는 흔치 않은 손짓임을 직감했다.

무엇이 그리도 간절하게 했을까. 6여 년 동안 한 달에 이삼 일밖에 못 자는 삶에 대해 보상받고 싶었을 터. 지금까지 무너지지 않고 하루하루 버틴 것에 대해 스스로 선물하고 싶었을까. 몸이 데일 정도로 뜨거운 물로 샤워를 해도 뼈가 시리고 몸이 떨리던 때였다. 바람에 흔들리는 몸으로 매일 아침 밥상을 차리는 일 또한 게을리 하지 않았다. 가족을 위해 내 이름 석 자는 사라지고 "유나야!"로 대신 살아왔다. 이 정도 했으면 이제 하고 싶은 것 해도 되지 않겠니. 스스로를 곧추세웠다.

희망은 나를 버리지 않았다. 코로나로 시작한 대학 생활은 다시 절벽 앞에 선 듯 어려웠지만, 내 열정을 막지 못했다. 이내 새로운 병이 두드렸다. 하나도 아니고 두 개씩이나. 철저하게 자신과 싸우는 시간. 정체를 알 수 없는 존재는 나를 더욱 초라하게 만들었다. 대학 졸업은 신기루나 같은 것이구나. 푸념했다. 그저 아픈 몸을 이끌고 어두문학회에 참석하는 게 할 수 있는 전부.

'외상 후 성장'이라는 말이 현실로 다가왔다. 표현적 글쓰기가 사고하는데 도움을 준다는 말은 남의 얘기가 아니었다. 절벽 앞에 서 있을 때마다 함께한 것은 일기 속에 있는 나였다. 글을 쓰면 아무리 절벽 끝에 서 있을지라도 살 수 있다. 글을 쓰다 보면 희망을 노래한다. 자석을 갖다 대면 쇳가루만이 달라붙듯. 어떠한 숨 막히는 비통함도 글을 쓰다 보면, 살아있다는 증거가 된다.

단잠을 선물로 받는 날이 늘어가는 요즘. 일기장을 펼쳐 본다. 2016년 10월 7일에 쓴 일기가 눈에 들어온다.

"눈물이 흐른다. 설거지하면서 울고 뜨거운 물로 샤워하면서 울었다. 눈이 쑤시고 배가 아프고 무릎도 쑤신다. 가슴도 아프다. 이 모든 상황이 뒤엎어질 때를 바라본다. 기도하듯 적는다. 일기는 내가 잡는 마지막 줄이다. 하늘은 맑고 푸르고 높은데, 어지러움과 두통과 통증에 시달리고 있다. 지난날 찍은 사진을 보았다. 아프지 않았던 보석과도 같은 청춘의 시간을. 이 고통이 토할 것 같다. 빛 뒤에는 어둠이 있음을 알고 있으니 나는 일어선다."

버티다 보니 시간은 흘렀다. 2학년이라는 대학생활이 다가왔다. 기적처럼. 복도에서, 강의실에서 학우들이 나를 먼저 알아보고 부른다. "미야!", "미야 언니!" 내가 스스로 지은 이름. 새벽마다 벽을 향해 돌아누워 눈물 흘릴 때, 나를 세워준 이름. 이 이름을 사람들이 부른다. 이름에 깃든 뜻이 날 위로한다. 너 정말 애썼어. 죽음과도 같던 날을 정말 잘 이겨냈구나. 정말 아름다웠던 새벽이구나. 새벽이 있기에 지금 네가 있구나. 네가 서 있는 모습이 정말 아름답구나. 여러 학우가 잘 버텼다고 격려하는 듯하다.

내 글이 일기로만 끝났으면 지금의 나는 없었을 텐데. 3년째 몸을 담고 있는 어두문학회를 통해 나는 빚어졌다. 자신이 써온 글을 읽으며 치유의 눈물을 흘릴 때, 회원은 공감하며 박수를 뜨겁게 보낸다.

더 자라나는 순간이다. 부족한 사람을 너른 마음으로 품어주시고 가르쳐 주시는 스승님 덕분이다. 시간 속에서 만난 한일 장신대 어두문학회와 최재선 교수님은 내 생애에 준비된 선물이었다.

새롭게 열릴 시간의 문을 두드린다.

2023. 6. 29.

눈꽃

"카페로 다 모여."

학생들이 강의실에서 우르르 빠져나오는 순간, 뒤따라 나오던 글무렵 작가가 외친다. 들리는 말이 왠지 정겹다. 카페 카운터 앞에 모인 일곱 명. 처음 겪는 분위기가 얼떨떨하면서도 따슙다. 난롯가에 앉은 듯. 대학에 입학하자마자 코로나가 터져서 이런 광경은 상상할 수 없었다. 집에서 동영상 수업만 하다가 시험 치르는 날만 학교에 갔다. 강의실 공기는 차디찼다. 2학기는 간간이 대면 수업을 했지만, 마스크로 얼굴을 가린 생활은 서로를 알기에 충분치 않았다. 낭만적인 대학생을 자처했던 상상은 산산이 부서졌다.

글무렵 작가님 귀에 대고 조용히 말한다. "오늘은 제가 커피 살게요." 왜 사냐고 하신다. "복학생 신고식 하려고요." 일곱 명이 둥그렇게 앉아서 커피를 마신다. 맞은편에 앉은 글비 작가가 공짜 커피여서 더 맛있다며 윙크한다. 짧은 시간이지만 내게 주어지지 않던 장면인지라 감동이 밀려온다. 순백의 눈꽃 같은.

복학한 지 한 달하고도 보름이 되어간다. 아파서 2년 만에 찾은 강의실은 너무나 낯설다. 서로 서로 잘 아는데 나만 외딴 섬에 있는 것 같다. 이런 상황을 못 견뎌 한다. 공황장애 걸린 사람처럼 안절부절 정신을 못 차린다. 자가 면역질환을 가진 사람처럼 내가 나를 공격한다. 아주 심각하게. 왜 그럴까?

초등학교 1학년 시절, 칠판 앞에서 문제에 답하는 시간. 엉뚱한 답만 쓰자 선생님은 내 귀를 잡고 흔드셨다. 이것도 모르냐면서. 충격을 받은 나는 반을 바꿔준 다음에야 학교에 갔다. 새로운 반 맨 뒤에 마련된 책상. 그리고 나 혼자 동떨어진 마음. 이것이었다. 내가 낯선 곳에 가면 공포로 몰아넣은 마음이. 무의식에서 꿈틀대던 억압된 마음이. 쉰 살이 넘었어도 영락없이 여덟 살 제 반에서 쫓겨나 외딴 섬이 되는 것. 낯선 곳만 가면 그랬구나. 겪지 않아도 되었을 일인 여덟 살의 잔상이 너를 아프게 했구나. 원인을 알게 되니 위안이 되었다.

기독교교육개론 시간에 교수님께서 수강생에게 자기소개를 시키셨다. 내 차례다. 20년도에 입학해서 1년 열심히 공부하다가 아파서 2년 휴학했다고. 올해 다시 2학년으로 복학했고 신학을 복수 전공하게 되었다고. 작년에 에세이문예를 통해서 등단한 수필가라고. 필명은 '미야'인데 엄마가 어렸을 때 '미야'라고 부른 이름에 '아름다운 새벽'이라는 뜻을 새겼다고. 앞으로 내 이름을 부를 땐 이은미라고 부르지 말고 '미야'라고 불러 달라고. 무슨 용기가 생겨서 당당하게 수필가라고 소개했는지 모르겠다. "미야 언니!" 내 소개를 귀여겨들은 ○○학우. 복도에서, 강의실에서 나를 부르는 소리가 달짝지근하다.

작년에 다섯 작가가 출간한 『다섯 빛깔로 빚은 무지개』. 백 권의 책 가운데 절반을 베란다에 묵혀놓았다. 발가벗은 나를 보여주는 것 같아 책을 나눠주는 게 잘 안됐다. 공감하지 못하면 어떻게 하지? 뭐 저런 얘기까지 썼대? 이런 생각 할까봐 움츠러들었던 것. 이러다가 조금씩 용기가 생기면 한 명씩, 한 명씩 나누고 있다.

수필문학 시간에 함께 했던 ○○학우. 우연히 마주치니 어디 한번 안아보자고 한다. 안부를 묻는 목소리가 달달하다. 눈에서는 꿀이 뚝뚝 떨어진다. 무뚝뚝한 내 성격에 맞지 않게 언니에게 안겨서 "잉잉" 하고 애교를 부린다. 진심이 마음속에 들어와 메마른 겨울나무에 눈꽃을 피운다. 서로가 쓴 글을 낭독하고 들으면서 공감대가 형성되었기에 가능한 것일 터. 내 삶의 이야기가 거짓 없이 드러낸 글이 주는 힘이다.

책을 받고 유난히 소녀같이 좋아하던 ○○학우. 첫 번째로 책을 껴안고서 눈을 감더니 탄성을 자아낸다. 두 번째로 사인을 보더니 감탄사를 연발한다. 세 번째로 다시 책을 껴안더니 눈으로 하트를 쏘아댄다. 현실 공간에서 영혼이 보내오는 신호에 어떤 성스러움이 묻어난다. 또다시 가슴에 찬란한 눈꽃이 핀다.

여기저기서 반갑게 맞이해 주는 얼굴을 마주한다. 정말 잘 버텨 왔구나. 스스로 토닥인다. 때로는 내성적인 성격이 갑옷이 되어 온몸을 짓누른다. 지향하는 것과 삶이 천지 차이로 느껴질 때면 더욱 그렇다. 내가 쓴 문장이 모순투성이 삶을 찌르면 수시로 곤두박질 친다. 그렇다고 주저앉아 있을 수만을 없는 법. 숨 한 번 크게 들이마시고 벌떡 일어나야지. 어제보다 더 나은 삶을 꿈꾸는 자. 살아나리라.

봄인데 벌써 첫눈이 기다려진다.

2023. 4. 13.

5부

나도 할 수 있을까.
겁내며 한 발, 두 발 발맞춰 가는 얼굴이 늘고 있다.
절벽 끝에서 피워낸 인생의 꽃, 꽃, 꽃. 합평하는 순간 꽃들이 마주보며 웃음 짓는다
-「미션 임파서블」 가운데

I am ground 자기소개하기

물 위로 하얀 꽃잎이 말없이 춤춘다. 빙글빙글.

아픔도 물줄기를 따라 빙그르르 춤춘다. 꽃이 추는 춤은 말없이 흐르는 눈물을 어루만진다. 용추계곡에 이르니 물소리가 시원하다. 짧은 계단을 타고 흐르는 물줄기가 함성 지른다. 오늘은 함양 문학기행이 있는 날.

지난밤에 푹 자기를 소원했는데, 거의 밤을 새웠다. 언제 자봤지? 하룻밤만 잘 자도 보약 먹은 것처럼 거뜬한데. 평범한 생활을 빼앗긴 온몸은 비명을 지르고 있다. 눈을 깜빡일 때마다 상처 난 듯 아프다. 이어지는 두통으로 인해 일기예보는 '매우흐림'이다. 구름 잔뜩 낀 오늘 날씨처럼. 슬픔의 옷을 입고서 여행하고 있으니 감성의 씨앗도 메

말랐는가 보다. 나무를 봐도 꽃을 봐도 마음이 웃지 않는다.

　오전 코스를 돌고 맛있는 능이오리 백숙을 먹는다. 보약과도 같은 한상차림에 위로받고 카페로 향한다. 처음 참석한 회원이 있어 자기를 소개하는 시간. 부정적인 자아상으로 인해 자신을 소개하는 것을 싫어하는 나. 다른 작가가 감사의 말, 아름다운 말, 긍정의 말을 하며 자신을 소개한다. 속이 중심을 잡지 못하니 초조함이 더해진다.

　이제 내 차례. 어쩌다가 한일장신대에 와서 어쩌다가 어두문학회에 왔고, 어쩌다가 작가가 되었다고 말하는 나. 시답잖은 말에 웃음으로 어색함을 대신한다. 말을 보따리에 싸서 창밖으로 내던지고 싶다. 생각해보니 나는 의사 표현하는 것이 참 부족하다. 글 속에서는 떫은 감 같은 부족함을 승화시키곤 한다. 현실은 여전히 수렁에서 헤어 나오지 못하기에 뒤죽박죽이다.

　요즘 글 쓰는 내가 두렵다. 자신이 부끄러워서 등이 따가울 정도다. 글을 쓰면서 성찰함으로 자신을 알아갈 수 있다고 생각했다. 아픔이 끊임없이 지속해서일까. 글이 나를 족쇄로 채우는 듯하다. 내면 세계가 뒤엉킨 실처럼 길을 잃었다. 성장통일까. 다시 미로 속에서 헤맨다. 처음에는 내가 아프기에 아픈 이를 위로할 수 있다고 자신했다. 자신감이 곧 교만이었다는 것을 시간이 흐르면서 알았다. 다른 이가 겪는 고통은 내가 겪은 아픔 안에서만 해석할 수 있다는 것을. 깊은 물이 나를 에워싸는 순간이다.

　자신을 껴안지 못하면 타인을 껴안는 것 역시 어려운 법. 관계 맺기를 잘하려면 진짜 내 모습을 발견하고 내게 진실해야 한다. 모든 일상 속에서 내가 원하는 것과 원치 않는 것을 분별할 줄 알아야 한다. 자신의 상태를 알아차리는 것이 지혜다. 무엇이 그토록 두려운 것일까. 아마 내 얕은 사랑의 정체가 드러나는 것이 두려운 것 아닐까. 자신 안에 있는 두려움을 마주하는 자가 참으로 용기 있는 것. 자신의 그림자와 단점을 마주한다면 두려움의 허물을 벗을 수 있지 않을까.

어느 작가가 말했던가. 삶의 온전함이란 완전함이 아니라고. 깨어짐을 삶의 불가피한 부분으로 받아들이는 것이라고. 실수하는 내 모습이나 흠까지도 받아들이면서 치유하고 온전하게 만들어서 누군가에게 주는 것이라고.

살아있음은 사랑해야 할 일이 많음을 뜻한다. 지친 어깨를 추스른다. 상처를 드러내며 글을 다 읽었을 때, 스승님께서 하신 말씀이 메아리치며 귓가에서 춤춘다.

"더 성장했어요. 했어요. 했어요."

2023. 6. 6.

미션 임파서블

"회장님! 픽업? 연락주세요."

아침 일찍 톡이 온다. 허진곤 목사님이다. 무주에서 전주를 향해 운전하면서 초 간단 메시지를 보내신 것. 학교에 갈 때 태워주시겠다는 뜻이다. 바로 답장한다. "오시옵소서." 장난기 섞인 말투와 함께 박꽃 같은 웃음이 피어난다. 오늘은 어두 문학회와 방학 글쓰기 특강이 있는 날. 일주일은 오늘을 위해 존재할 성싶다.

잠시 지나자 민세진 작가에게서 전화가 온다. "미야 작가님! 어디세요? 학교 같이 가게요. 데리러 갈게요." 허 목사님과 함께 가기로 했으니 오늘은 패스하겠다고 콧노래 부른다. 연락이 늦었다며 경쾌한 웃음으로 이따가 학교에서 보자는 민 작가. 차가 없는 날은 택시를 타고 학교에 간 적도 많은데. 날 챙겨주는 고마운 마음에 날개 달린 천사가 되었다. 꿈조차 꿀 수 없던 순간. 모든 게 불가능해 보이던 시간. 어둔 터널을 빠져나오니 마주하는 빛나는 오늘.

강의실에 도착하여 손전화를 열어보니 스승님에게서 전화가 와있다. 이런 허 목사님과 차 안에서 수다 떠느라 진동 소리를 듣지 못한 터. 내가 안 받으니 서성현 교수님께 연락하셨단다. 조금 늦으신다고. 톡톡. 김영옥 작가가 늦게 일어났다며 이제라도 가도 되겠냐는 톡에 답한다. 스승님도 아직 안 오셨으니 얼른 오시라고.

평상시 수업은 스승님 연구실에서 하는데, 오늘은 인원이 많아 장소를 강의실로 옮긴 상태. 서로 마주 보도록 책상 위치를 바꾸자. 내 말에 모두 함께 손발을 맞춰 척척 움직이니 금새 뚝딱. 서성현 교수님의 어머니이신 허성민 목사님께서 식혜를 만들어 오셨다. 사랑을 책상 위에 올리는 사이 스승님도 오신다. 모두 둘러앉는다. 강의실이 화사하다. 만발한 꽃처럼. 스승님께서 말씀하신다. 금요일부터 많이 아프셨다고. 보통 아프시면 기본 일주일 넘게 드러누우신단다. 정신력으로 나오셨다 하신다. 그건 뭘까.

지난 수요일. 단골 꽃집 사장님께 스승님의 수필집 『경전』을 선물로 드렸다. 저번에 비싼 화분을 샀는데 가격을 절반이나 깎아 주셨다. 갈 때마다 너무 싸게 해주셔서 감사하기도 하고 죄송하기도 했다. 뭔가 드리고 싶은데, 스승님 책이 가장 낫겠다 싶었다. 스승님께 싸인 받은 책을 드리니 너무 좋아하신다. 어린아이처럼 함박웃음 지으시며. 글을 사랑하는 마음이 엿보인다. 마치 대통령이 보내온 선물

바라보듯 하신다.

  꽃집에 다녀온 뒤로, 웬일인지 '대통령'에 대한 생각이 잔잔하게 마음에 일렁인다. 스승님은 아프시면 누가 약을 사드릴까. 글방에서 생활하시는 스승님께서 앓아누우시는 일이 생기면 안 될 텐데. 지난 주말 유난히 스승님을 위한 기도의 꽃을 피웠다. 진짜 앓아누우신 것도 모른 채. 오랜 시간 아픈 가운데 대학교에 입학했다. 항상 똑같이 반복하던 일상이 스승님을 만나면서부터 바뀌기 시작했다. 스승님의 가르침으로 시작한 글쓰기. 불가능을 가능하게 만든 글쓰기. 이 시간이 보물처럼 너무나 귀하다는 생각이 번쩍였다. 번개처럼.

  김귀영 작가의 「은행 나뭇잎에 취한 여인」, 정지영 작가의 「가을이 오다」, 서성현 작가의 「감옥」, 허진곤 작가의 「다듬어가는 곳을 찾아서」, 글비 작가의 「나는 토르다」, 민세진 작가의 「나무 그늘」, 그리고 내가 쓴 「인생의 계절」. 여느 때보다 많은 작품. 기침을 참으시는 모습이 힘겹지만 얼굴에는 생기가 넘치신다. 돌아가셔서 다시 몸살 날 지언정.

  문학회에 몸을 담근 지 사 년차. 흘러온 시간 속에서 주저앉을 듯하던 문학회. 위기의 순간은 지나가고 새로운 작가가 연이어 등단했다. 자신만의 상처와 아픔을 가지고 기웃거리며 조심스레 발길을 얹은 이들. 나도 할 수 있을까. 겁내며 한 발, 두 발 발맞춰 가는 얼굴이 늘고 있다. 절벽 끝에서 힘겹게 피워낸 인생의 꽃, 꽃, 꽃. 합평하는 순간 꽃들이 마주 보며 웃음 짓는다.

"문학회는 마음을 나눌 수 있어서 좋아요. 요즘 어딜 가도 이런 곳은 찾을 수 없는데, 문학회가 있어서 감사합니다."

허진곤 목사님이 하시는 말씀에 온몸으로 공감하며 끄덕끄덕. 배부른 마음과 허기진 배를 붙들고 식당으로 향한다. 도란도란 이야기꽃을 피우며 함께하는 점심식사. 글로 치료받고 밥으로 채우는 따스함. 그리고 커피타임까지. 보약이 따로 없다. 다시 이어진 오후 글쓰기 특강. 열정은 어디에서 나오는 걸까.

스승님의 목소리가 하늘을 찌른다.

2024. 7. 25.

바다의 노래

1985년 1월 4일. 열다섯 살. 오래간만에 친구와 함께 종로서적에 간다. 방학이라 학생이 많이 있다. 여러 사람 사이를 오가며 읽을 책을 찾아 헤맨다. "아! 이 책이다." 1시간 만에 골라 눈 맞춤하고 껴안는 책. 이 세상 어떤 것보다도 귀한 보물. 책을 읽으면 책으로 들어가 주인공이 되어 함께 웃고 운다. 오늘은 『모래의 성』 상·중·하 가운데 상권을 읽는다. 비록 다리가 아프지만, 책을 읽는 재미에 아프다는 느낌은 곧 사라진다. 저 멀리 등대가 반짝인다.

1985년 1월 16일. 오빠가 방을 차지하고 운동하는 동안 지루해서 만화가게에 간다. 요새 잘 가지 않아 못 본 책이 많다. 만화책을 읽으면서부터 무슨 책이든지 빨리 읽을 수 있다. 모르는 낱말도 많이 알았다. 만화가를 존경하게 되었다. 나도 만화가가 되고 싶다. 김영숙,

황미나, 김동화, 이진주, 전혜경 작가가 그린 책을 좋아한다. 각각 자기의 개성을 지니고 있다. 만화가는 다 행복해 보인다. 그리고 싶은 것, 느낀 것을 그대로 묘사해서 그리니까. 세밀하게 그리는 만화가는 어떤 사람인지 궁금하다. 높다란 하늘 위에서 갈매기가 원을 그린다.

1987년 3월 10일. 열일곱 살. 일기를 안 쓴 지 1년도 넘은 것 같은 느낌이다. 일주일 밖에 안 지났는데. 책에 너무 눈이 어두웠다는 걸 깨닫는다. 얼마 전에 곗돈을 타서 『지란지교를 꿈꾸며』란 수필집을 샀다. 책을 멀리해서인지 아무거나 닥치는 대로 읽고 싶다. 정민이랑 서점에 가서 책을 여러 권 구경했다. 『닐리야의 일기』, 『현복이의 일기』, 『모모와 잃어버린 너』, 『숲속의 방』도 읽어야겠다. 학교에서 틈나는 대로 독서하려고 한다. 책을 많이 읽어 정서가 메마르지 않게 해야지. 기쁨의 물결이 일렁인다.

1997년 5월 30일. 스물일곱 살. 낯선 전주로 시집 와서 너무 외롭다. 퉁소 같은 한숨소리에 석 달이 지나도록 허덕인다. 텅 빈 집에서 서울 생각, 부모님 생각에 쏴아 물결 쏠리는 소리가 난다. 하지만 이젠 괜찮을 것 같다. 한 사람을 택함으로써 가진 것을 전부 내놓은 것 같은 느낌. 모든 문제는 해결할 수 있으리라. 사랑을 고귀하게 생각한다면. 사랑할 때 싹튼 열정을 되돌아본다면. 더군다나 일요일도 쉬지 않고 일하는 남편을 보면서 열심히 살아야겠다는 뭉클함이 생긴다. 내리쬐는 태양을 거부할 수 없다.

2009년 3월 21일. 서른아홉 살. 오늘은 참 이상한 일이 있다. 텔레비전을 틀었는데 강호동이 진행하는 '무릎팍 도사'가 나온다. "일기를 쓰세요." 원태연이라는 시인이 이렇게 외친다. 이건 뭘까. 사흘 전에도 똑같은 말을 들었는데. 윤 전도사님이 데려간 한일장신대 신앙 사경회에서. "일기를 써라. 기록하라. 다윗처럼, 솔로몬처럼." 어떤 목사님이 하시는 말씀이 마음에 남아 정신을 차린다. 포기하지 말고 계속 펜을 들어야 할 성싶다. 요즘 일기를 쓰는 게 힘들었는데. 번쩍 번개가 내리친다.

 2016년 5월 4일. 마흔여섯 살. 잠이 사라진 지 삼 년째, 온몸에 통증이 온다. 눈에서 불이 나오고 뼈가 시린 날. 도서관에서 책 세 권을 빌린다. 존 번연의 『천로역정』과 김남국의 『너는 내가 책임진다』, 달라스 윌라드의 『하나님의 임재』를. 오늘은 『천로역정』을 읽는다. 아블루온은 지옥의 사자다. 아블루온이 크리스천을 고문하자, 임마누엘의 섭리에 따라 크리스천은 검을 향해 손을 뻗는다. 하늘에서 빛이 들어왔고 아블루온은 도망간다. 내가 겪는 역경의 순간, 책장을 넘기며 위로받는 순간. 태풍의 눈 속에 깊은 고요가 있다 했던가.

 2020년 9월 30일. 쉰 살. 대학교에 입학한 해이다. 학교 도서관에서 『톨스토이 단편선』을 빌린다. 그의 이야기에 빠져드니 가슴이 콩닥콩닥 볼에 분홍물이 든다. 대학교를 중퇴하고 고향으로 돌아간 톨스토이. 그는 농촌 계몽 활동을 하다가 실패하고 군에 입대한다. 여가가 생기면 늘 글을 썼단다. 문장이 쉽고 간결해서 동화같이 느껴진다. 그가 인용한 성경 구절은 글 속에 녹아있다. 첫 번째, 두 번째 글에서 구두장이가 주인공이어서 가슴이 아리다. 내가 구두장이의 딸이기에. 가죽 냄새, 본드 냄새가 잔잔한 물결을 일으키며 갯바위에 부딪힌다. 추억 속에서.

　2024년 5월 23일. 쉰네 살. 한일장신대 어두문학회를 통해 수필가로 등단한 지 만 2년. 그동안 여러 작가와 함께 『다섯 빛깔로 빚은 수채화』, 『이번 역은 문학녘』 수필집을 출간했다. 요즘은 8월에 『그해 덕선이』를 출간하려고 막바지 비지땀을 흘리고 있다. 어렸을 적부터 쓴 일기. 일기는 나를 살게 하는 힘이다. 지금까지. 호흡하듯 쓴 일기가 인생에 가장 큰 선물을 선사하다니. 가장 즐거운 일이 천직이 되다니. 글로 노래 부르고 글로 연주하고 글로 그림 그리고 글로 춤추는. 나는 작가. 남은 인생, 작가로서 글을 쓰며 즐거움에 참예할 수 있다니. 인생의 하프타임을 향한 소망의 노래가 실재가 되는 순간.

　여명이 밝았다. 깊은 바다가 두 눈을 뜬다.

2024. 5. 23.

여섯 우주

2023년 〈어두문학회〉 마지막 수업이 있는 날이다. 카페 '예술 공간 결'에서.

평생 누구에게 하지 못한 이야기. 오늘에야 털어놓는다. 글로 써야겠다는 단호함이 순식간에 죽순처럼 자랐기에. 잠시 잠깐 두려움의 파도가 몰려왔지만, 이 순간을 예비한 시간이라 확신했다. 글무렵 작가가 전진하는 용병처럼 지난날을 드러낸 것도 한몫했던 터. 아마도 어두문학회에서 함께한 시간이 답을 말해 주는 듯하다. 일주일에 한 번. 한 공간에 있던 시간을 글은 배신하지 않았다. 깊어지는 믿음과 사랑, 신뢰가 땅 깊숙이 뿌리내린 탓에.

이번 글을 공유하면 자유스러울 것 같다. 나를 얽어매는 기억으로

부터. 어찌 보면 가벼운 이야기지만, 평생 수갑을 차고 살았기에. 그냥 글을 들어줄 사람이 있고 읽을 용기가 있다는 것 자체로 충분하다. 글을 읽는 데 짧은 탄식이 들려온다. 블랙홀처럼 내 이야기에 빨려 들어가는 침묵의 순간. 울먹이는 마음을 헤아려 주는 시선은 육중한 공기가 되어 가라앉는다.

읽고 난 다음에 없애려고 썼다. 애초에 어디 내보일 글이 아니었으므로. 더군다나 수필로 담기엔 무리임을 알면서도 용기를 냈다. 스승님께서는 한 번 글을 썼으면 그 글은 내 것이 아니라고 하셨지만. 이 말씀을 이번만큼은 지우개로 지웠다. 육두문자로 떠벌이며 뱉어내지도 못한 욕. 차분하게 글로 대신했다. 글비 작가는 희망이 보인다고 하고 글무렵 작가는 예전에 썼던 나의 어린 시절 이야기를 떠올렸다. 서 교수님은 칭찬을 과분하게 하신다. 민 작가는 눈짓으로 응원하고 스승님께서는 이렇게 말씀하셨다. "미야 작가가 성숙했네."

거미줄 같은 기억. 날려버리려고 담담하게 썼다. 무덤덤하게 읽어 내려갈 줄 알았건만 둑은 터졌다. 한번 시작한 눈물샘은 멎지 않고 가슴에서 자꾸 메아리친다. 글 쓸 때의 용기는 사라지고 영락없이 아홉 살로 되돌아간다. 한 번쯤은 어떤 의식 치례를 해서라도 나쁜 꿈을 바람에 실려 보내고 싶었는데.

스승님의 설명을 들으니 어슴푸레 짐작이 간다. 무엇을 전달하고자 하시는지. 물가에 내놓은 어린아이 바라보듯 들으셨으리라. 그런데 단락과 형식, 유기성보다 중요한 것은 아픔에 동참하는 여섯 우주다. 글을 쓴 것에 대한 후회는 눈곱만큼도 들지 않는다. 이상하리만

치.

도립미술관에 갔다. 보로브예브즈의 전시장에 들어서자마자 자동문이 달린 건축물이 눈길을 끈다. 〈검은 방, 롤러코스터〉라는 제목의 건축물이다. 호기심이 발동한다. 건축물 안으로 들어가니 딱히 뭔지 모르겠다. 세 평쯤 되는 비좁은 공간. 바닥도, 벽도, 천정도 모두 검기만 하다. 이게 뭐야. 풍선 바람 빠지듯 허탈한 걸음으로 나왔다. 안내하는 직원에게 작품에 관해 물었다. 짧은 설명을 듣고 작가의 세계를 들여다본다.

소리와 빛이 모두 차단된 '암전' 상태를 경험하라고 설치한 조형물이란다. 어떠한 것도 무력하게 만드는 시공간은 불안과 공포가 흐른다. 반면 암흑을 뚫고 나가면 다시금 환한 빛이 번지면서, 숯 드로잉 〈블랙아웃〉이 눈앞에 펼쳐진다. 암흑과도 같은 세상에서, 내일의 태양이 반드시 떠오르니 앞으로 나아가야 한다고.

또다시 잠드는 법을 잊어가는 요즘. 작년보다 덜 아픈 것을 위로 삼는다. 잠 못 드는 매질이 끊임없는 소송에서 신이 이기기를 희망한다. 하소연도 멈췄다. 우르르 쾅쾅. 천둥 같은 고통이 한낱 가벼운 안개 정도로 취급받을까 봐. 학업을 포기하고픈 마음이 용솟음쳤다. 날마다 강의실에 앉아 욱여싼 절망을 속으로 쟁여 넣었는데. 매일 밤 구슬픈 달빛 닮은 탄식을 베개 삼는다.

나 자신이 바로 암흑에 둘러싸인 감옥이다. 폐쇄된 공간에서 신념만 높아지니 삶은 땅 아래로 곤두박질쳤다. 글은 한량없이 자애로우나 속은 곪아 터지고 있다. 고통에 제 다리 스스로 자르는 게처럼 비명을 지른다. 다른 작가의 글 앞에서 눈물 한 방울도 잉태하지 못하는 메마른 영혼. 온전한 인간이 되는 길은 너무나 멀고도 협착하다. 그래도 펜은 놓을 수 없다.

 문학녘 앞에 마중 나온 여섯별이 뭉개진 마음의 빗장을 열어준다. 문고리가 밖에만 있었나 보다. 이제 빛으로 나오라고 손짓하는 듯하다. 어둠은 그만하면 되었으니. 오늘도 글을 나누며 치유 받는다. 중심에 이렇게 말씀하시며 노 젓는 스승님이 계시다.

 "하면 된다. 쓰면 된다."

 카페에서 흘러나오는 재즈가 혈류를 타고 온몸으로 퍼진다. 깊숙이.

2023. 12. 31.

길

수필문학 강의 마지막 수업을 마쳤다.

지난 2년 동안 언제 끝날지 모를 통증과 친구로 지냈다. 암흑 속에서. 내게 복학이라는 단어는 다가갈 수 없는 환상과도 같았다. 그저 몸이 보이는 증상 앞에서 하루, 또 하루 견딜 뿐. 6년, 7년, 8년 이어지는 아픔 위에 새롭게 찾아온 절망이 손짓했다. 시간은 멈추지 않고 흐른다는 진리가 나를 위로할 뿐.

회복을 그토록 간절히 바라면서도 빛이 보이지 않을 때, 세상 모든 것은 낯설게 변한다. 걷고, 먹고, 앉고, 일어서는 것. 아침에 일어나서 맞이하는 태양조차도 당연하게 여겼는데. 평범한 것이 선물이었음을 깨닫는 것은 고통이 주는 선물일까. 이전에 알던 지식이 가슴까지 내려오기엔 얼마나 아득한지. 집을 잘못 지었음을 절실하게 되뇌는 장소이다. 암흑의 시간은.

　복학은 꿈도 꿀 수 없던 시간. 그 끝자락에서 내 몸은 급속도로 아니 차츰차츰 좋아지기 시작했다. 활짝 핀 봄꽃이 복학생의 발걸음을 재촉하던 날이 떠오른다. '수필문학' 두 번째 시간. 총총걸음으로 강의실을 향한다. 문을 여니 최재선 교수님께서 손수 책상을 옮기고 계시다. 서로 얼굴을 마주 보고 앉히려는 생각이시리라. 아기자기한 수업 분위기가 텔레비전 드라마처럼 떠올라 미소를 짓는다. 따스한 아지랑이가 스르르 올라와 복학생의 낯선 마음을 녹인다. 학생 수가 그리 많지 않아서 소통하기에 꽤 가족적인 분위기가 될 성싶다.

　교수님께서 물으셨다. "나는 글쓰기가 ＿＿＿＿라고 생각한다." 돌아가면서 발표하는데 내 차례가 왔다. "저는 글쓰기가 '나 자신'이라고 생각합니다." 얼마나 생뚱맞은 말로 들릴까? 하지만 정말이다. 나 자신이라는 단어 이외에는 달리 표현할 방법이 없다. 왜 그렇게 생각하는지 설명하다 보니, 고단하고 불같이 뜨거웠던 시간. 굽이진 인생길이 그려졌다. 아스라이. 교수님의 질문에 답할 때마다 글쓰기에 대한 애착이 극명하게 드러난다.

　초등학생이면 누구나 숙제로 일기는 빠질 수 없다. 숙제로 시작한 일기는 사춘기 시절 나의 감성과 동행했다. 밤, 일기장, 라디오. 이 세 가지로 이팔청춘, 외로움을 노래하기에 충분했다. 고민거리를 시시콜콜 적었다. 너무 말라서 살이 찌고 싶다, 친구와 다툰 얘기, 과목별 시험 점수까지. 일기장에 곁을 내어주니 둘도 없는 친구가 되었다.

그날의 날씨에 관해 적으면서 일기를 썼다. 비가 내리고 흐림. 아주 커다란 우박이 내렸음. 종일 비만 쏟아져 내림. 너무 더워서 1시간 동안 목욕함. 땀이 비 올 듯이 쏟아짐. 바람이 너무 불어 겨울 같았음. 하늘은 청청, 귀뚜라미가 귀뚤귀뚤. 아침 안개가 약간 낌. 한때 비, 차차 맑음. 비가 너무 세게 와서 홀랑 젖음. 다이너 폭풍이 와서 천둥 번개와 함께 비가 내림. 인생에 불어오는 날씨를 일기장에 다 담고 있다.

1985년 10월 1일에 쓴 일기를 읽으니 입꼬리가 올라간다. 꼬마 이모가 추석에 돈 천 원을 주었나 보다. 마침 책이 보고 싶어서 서점에 갔다. 『안네의 일기』와 『고독한 사춘기』를 품에 안고 왔다. 고독한 사춘기는 어제 5시간 만에 다 읽고 『안네의 일기』를 읽다가 일기를 썼다. 나치를 피해 안네의 가족과 몇몇 사람이 숨은 모습을 상상하며. 지금 쓰고 있는 일기장을 다 쓰면 새 일기장을 사서 안네처럼 써야겠다고 긁적거린 일기.

열다섯의 다짐이 지금의 나를 있게 했다. 긴 어둠의 터널에서 갈 길을 모르는 나를 애처롭게 바라본 단짝. 아무리 거센 바람이 불어도 곁에 있어 준 또 다른 나. 일기장 속에서는 단어와 단어가 만나 아픔을 껴안는다. 문장과 문장이 만나 메말라가는 소망을 일으켜 세운다. 아무도 이해하지 못해도 나를 이해한 영원한 내 편. 그 속에 시가 있고 노래가 있고 영혼의 울부짖음이 있다.

잠시 멈추었던 일기를 수필문학을 통해 다시 만났다. 각자 발표한

글로 인해 학우를 더 가깝게 만나는 귀한 시간. 글은 사람과 사람 사이를 이어주는 보이지 않는 실이다. 오늘 쓰는 일기는 미래의 나에게 또 어떤 기쁨이 될까.

캠퍼스 한쪽에 개나리꽃이 활짝 웃는다.

2023. 3. 22.

불꽃놀이

아들딸이 어렸을 적에 불꽃놀이를 한 적이 있다. 안면도 밤바다를 바라보며. 폭죽이 터지는 밤하늘은 우리 부부의 젊음만큼이나 푸르렀다.

내 나이 오십 대. 지금까지 무엇을 하며 살았는지 울렁거린다. 인생의 절반을 보내고 허우적대고 있으니. 가족이 다 나가고 난 아침, 허무감이 밀려온다. 에세이문예 여름 호에 실릴 내 글이 떠오른다. "영원한 사랑을 세상에 외치고 싶다." 내게 무슨 사랑이 있을까.

내 안에 악이 존재하는 것을 보았으니 참으로 부끄럽다. 뾰족한 마음을 들킬 것 같아 달팽이처럼 집으로 숨어든다. 다른 사람이 눈치채지 못하도록 선한 것을 추구하지만 추구한 신념대로 삶을 사는 게 쉽지 않다. 머리와 가슴과의 차이가 아득해서 얼음처럼 굳었다. 아무것도 하고 싶지 않으니 무엇이 문제일까. 어린 시절부터 더듬어보기로 했다.

놀면서 온 동네를 헤집고 다녔다. 땅따먹기, 공기놀이, 고무줄놀이, 자전거 타기, 다방구 놀이, 구슬치기. 학업에 눈뜨기 전까지 어렸을 적 삶은 놀이 그 자체. 하루의 과업. 먹고 뛰어논 다음 밀려오는 파도를 이기지 못한 채 스르르 잠들기. 이 무렵 가장 재미난 것은 30원 내고 하는 달고나였다.

중학생 시절 주어진 임무. 연합고사를 치르고 원하는 고등학교에 진학하는 것. 고등학생 때는 주산, 부기, 타자 자격증을 따서 좋은 회사에 들어가는 것. 이 무렵 순정 만화에 흠뻑 빠져들었다. 순정 만화는 마음을 콩닥콩닥 뛰게 하는 불꽃이었다. 상상의 나라로 초대하는.

스무 살에 취직했다. 한 달 동안 일하고 받는 월급봉투를 고스란히 부모님께 전해드렸다. 천국이 따로 없었다. 다음 날부터 이어질 지옥행 열차를 잊은 채. 스물여섯 살에 결혼해 서울을 떠나 전주에 자리 잡았다. 아이 둘 낳고 잘 키우는 것은 인생 최대의 과제. 먹이고, 입히고, 씻기고를 반복하다 보니 자녀는 어느덧 이십 대 중반이 되었다.

저자 세르지오 밤바렌의 「꿈꾸는 돌고래」. 주인공 돌고래 다니엘에게 있어 파도타기는 삶의 전부이다. 거대한 파도를 만나 파도를 타보는 게 꿈이다. 고기만 잡고 사는 변화 없는 일상이 지루한 다니엘이다. 그는 두려움을 이겨내고 거대한 파도를 찾아 모험을 떠난다. 이

때 바다에서 들려오는 목소리를 듣는다. "살다 보면, 스스로 자신의 길을 선택하고 그 길을 가야만 하는 때가 꼭 한번은 찾아온단다. 그때가 너의 꿈을 찾아가야 할 때야. 너 자신을 위한 믿음의 항해를 시작해야 할 순간이지."

다니엘은 거대한 파도와 함께 파도 타는 인간을 만난다. 가슴 뭉클한 감동을 선사한 인간과의 교감으로 다니엘은 행복하다. 세상에서 가장 완벽한 파도를 타고나서 당당한 모습으로 고향으로 돌아온다. 돌고래들은 자기와는 다른 모습이지만 다니엘을 인정한다. 이때부터 돌고래 사회는 변화하기 시작한다.

모든 것이 무너진 것 같을 때. 내가 아무것도 아닌 하찮은 존재라고 느껴질 때. 거짓 자아는 마음속에서 외친다. 너는 끝장났어. 뿌연 안개가 나를 뒤덮는다. 어서 고개를 절래절래 흔들고 생각을 전환한다. 돌고래 다니엘처럼 현실에 안주하지 않아야 한다. 거대한 파도를 찾아 떠나기 위한 시간이 내 앞에 펼쳐졌다. 작가라는 꿈의 문턱을 넘었으니. 우울하다는 말 따위에 속지 않으리라. 부정적인 생각 반대편에서 들려오는 목소리. 희미하고 낮은 목소리에 더욱 귀 기울이리라. 20%의 낮은 목소리는 나에게 사랑을 주는 목소리다. 두려움에 먹이를 주지 않으리라. 용기를 주는 소리에 먹이를 더 주리라.

언제부터 마음이 지치기 시작했을까. 생각하니 글을 쓰지 않은 보름, 이 보름 동안 서서히 나는 앓고 있었다. 올해 102세가 된 김형석 철학박사는 이렇게 말했다. "인생은 60부터다." 어느 정도 존경받을 수 있는 시기, 지도자로 설 수 있는 시기는 60세쯤이라고. 인생은 60

부터라니. 그럼 나는 아직도 흙 속에서 꿈틀대는 씨앗이구나. 아무것도 안 보인다고 허우적대는 과정조차도, 헛되지 않은 시간이구나.

글 모닥불이 활활 타오른다.

2022. 5. 20.

낭만 문학회

남편에게 아침 식사를 차려주고 안방 침대로 가서 눕는다. 아침 6시 반이면 밥상을 차려 늘 함께 식사하는데. 오늘은 밥이 안 들어간다. 끊었던 커피믹스가 간절히 생각나서 '딱 한 잔 마셔야지.' 하고 커피를 마셔서일까. 아니면 가래떡을 급하게 먹어서일까. 낌새가 안 좋다. 또다시 뱃속이 울렁거리고 입맛이 사라지려고 한다.

올해 들어 많이 아파 몸무게가 10kg가량 빠졌다. 삼시 세끼를 반드시 챙겨 먹고 간식까지 먹으며 살이 더 빠지지 않도록 애쓰고 있다. 남편은 각시 몸이 안 좋은 걸 눈치챘는지 식사 후 말없이 출근한다. 온몸이 축 가라앉는다. 살이 빠지는 게 무서워 잠시 몸을 추슬러서 아침밥을 조금 먹는다. 점심밥도 시간 맞춰 꾸역꾸역 먹는다.

오늘은 어두 문학회가 있는 날이다. 12시 넘어 요한 전도사님에게 문자를 보낸다. "학교 같이 가요." 1시 40분, 집 앞에서 요한 전도사님 차를 탔다. 지난주에 발표했던 글 「인생의 회전목마」 때문인지 일주일 동안 잘 지냈냐고 빙그레 웃으며 묻는다. 걱정해 주는 마음이 고마워서 잘 지냈노라고 화답한다. 함께 몇 마디 주고받으니 벌써 학교에 다다랐다.

교수님이 참석하시지 않고 회원만 모이는 날이다. 승천이가 다른 때와 달리 정장을 입고 나타난다. 스타일이 예술인답게 멋져서 함박웃음이 터져 나온다. 졸업사진을 찍어야 해서 회장에게 화장해달라고 부탁했단다. 준비해온 화장품을 꺼내 들고 정성스럽게 화장을 시작하는 회장. 조신하게 눈감고 얼굴을 대주는 20대 청년 승천이 모습을 흐뭇하게 바라본다. 마치 내가 화장하는 듯 마음이 화사하다.

을씨년스러운 강의실을 해님이 비추는 것 같다. 이십 대 중반인 승천이를 보고 모두 환호성을 지른다. 잡티 없는 얼굴이 청춘을 말해주는 듯하여. 화장한 뒤 거울을 보며 승천이가 여느 때와 같이 느린 속도로 이렇게 외쳤다. "깜짝 놀랐어요. 거울 속에서 엄마 얼굴이 보였어요. 하하하" 예상치 못한 말에 무릎을 치며 소리 높여 웃는다. 배꼽 빠지도록.

가을 날씨를 마음껏 즐기려고 밖으로 나와 벤치에 앉는다. 무르익은 가을이 나뭇잎마다 무지갯빛으로 물들었다. 한 걸음만 움직여도 바스락거리는 낙엽이 아직 저 살아있다고 놀랜다. 노랗게 물든 단풍은 마치 병풍처럼 우리를 둘러쌌다. 장면이 눈부시도록 아름다워 사진을 한 장 찍는다.

　승천이가 수정해 온 글 「후회 한 톨 없는 인생」을 읊는다. 승천이 유언장이다. 글을 듣는데 마치 묘 앞에 서 있는 듯 엄숙하다. 가을 분위기에 너무 심취했나 보다. 내 장례식을 하늘에서 내려 보는 것 같은 느낌이 들어 기분이 묘하다.

　다음은 회장이 「이름 석 자」라는 글을 낭독한다. 작가로 등단한 뒤, 스승님께서 지어주신 이름이 '양볕꽃'이다. '양지바른 곳에 핀 꽃'이란 뜻으로 붙인 이름. 등단하고 나서 힘들었던 마음이 변화하는 과정을 표현하였다. 글에 관해 설명하는 양볕꽃 작가에게 "힘들다고 하지 말아요."라고 외쳤다. 등단하면 곧 겪을 감정일 터. 감정이입이 된 나머지 아찔해서 나도 모르게 튀어 나왔다. 조용히 들어줘야 하는데. 회장에게 살짝 미안했다.

　변양희 회장, 김만곤 목사님, 요한 전도사님, 승천, 나. 이렇게 다섯 명. 카페에 들어가 따뜻한 차를 마셨다. 승천이가 작사 작곡한 뮤지컬 악보 「부활의 증인」을 보여준다. 고뇌에 차서 지은 듯한 가사는 기도처럼 다가온다. 기도는 내 힘겨운 마음으로 쏙 들어와서 위로한다. 이런저런 사정으로 함께 하지 못한 회원 얼굴이 떠올라서 아쉬움이 크다.

　집으로 돌아오는 길은 회장이 태워줬다. 차 안에서 올해 김장은 어떻게 하냐고 묻는다. 내 아픈 허리를 걱정하는 고마운 마음이다. 하루 동안 주고받은 대화가 별빛처럼 가슴속으로 쏟아져 들어온다. 아침에 축 가라앉은 마음이 온데간데없이 사라진다. 뜨끈뜨끈한 아랫

목에 몸을 지진 것처럼 몽글몽글하다. 가을 낭만으로 가득 채운 문학회. 함께한 시간을 떠올리니 미소가 저절로 번진다.

 마음속으로 단풍나무 한 그루가 들어앉는다.

2021. 11. 22.

영광의 탈출

지난주 어두 문학회 시간이 자꾸 떠오른다. 내가 쓴 글 「낭만 문학회」에 대해 교수님께서 비평해 주신 시간이. 잘못 쓴 부분을 교수님께서 고쳐주셨다. 문장 가운데 "~중"과 "만끽"은 한자이므로 한글로 풀어쓰라고. "~중"은 "~하는 가운데"로 "만끽"은 "마음껏 즐기려고"로 표현하라고 말씀하셨다. "~중"은 한자인 것을 알고 있었으나 "만끽"은 한글인 줄 알았다. 교수님께서는 "만끽"이 "찰 滿, 먹을 喫"이라는 뜻을 가진 한자라고 하셨다.

잠깐 멈칫했다. 한자를 한글로 풀어쓰라는 스승님의 표현에. 멈칫한 이유는 무엇일까. 며칠 동안 곰곰이 생각하다가 깨달았다. 이윽고 어린 시절로 돌아갔다. 필름을 되돌리듯이. 중학교 때 나를 가장 힘들게 하는 과목이 있었으니 바로 한문이다. 한문 시간이 되면 왜 이리 버티기가 힘든지. 재미도 없고 졸리기만 했다. 점수는 좋을 리 없다. 시험 전날 벼락치기 하듯 새벽까지 공부한들.

  20대 시절, 모 당에서 잠시 일한 적이 있다. 14대 대통령 선거 때였다. 쉴 새 없이 대통령 후보의 선거공약을 만들었다. 문서를 만들 때 나를 곤란하게 한 것이 있으니, 바로 한자이다. 상사에게서 건네받은 종이에는 한자가 제법 쓰여 있다.

  쉬운 한자는 어느 정도 읽을 수 있다. 대충 문장 흐름에 따라 맞출 때는 안도의 한숨을 내쉬었다. 어려운 한자는 옥편에서 찾기 힘들다. 부수도 제대로 알지 못했기에. 결국 동료나 상사에게 물어보기 일쑤였다. 대답을 잘해주는 한 살 어린 여직원이 부러웠다. 내심 상사에게 자존심이 상해 마음이 움츠러들었다. 늘 눈치 보는데 재빨랐던 나는 출근하는 것이 즐겁지가 않았다. 한자 없는 세상에서 살고 싶었다.

  주말도 쉬지 못하고 아침 6시에 출근해서 자정까지 근무했다. 선거일이 가까워지자, 월급은 꽤 많았으나 한자 때문에 참으로 괴로웠다. 늦게 퇴근하는 날이 많아지니 과장님께서 승용차로 집까지 종종 태워주셨다. 과장님과 함께 퇴근하던 어느 날. 느닷없이 나에게 물으셨다. 지금 라디오에서 흘러나오는 팝송 제목을 아느냐고. 대번에 나는 모른다고 말했다. 팝송에는 전혀 관심이 없었으므로.

"아니, 이렇게 유명한 곡, 제목도 몰라? 나, 참..."

한자로 억눌린 마음은 아무 대답도 하지 못하고 가슴속에서 화살을 쏘아댔다. '나는 반드시 나중에 잘 될 거예요. 두고 봐요.' 초등학생 때부터 일기를 썼기에, 그날 있던 일을 떠올리다가 일기장을 뒤적였다. 1992년 10월 22일 목요일에 쓴 글을 찾았다. 기분 나쁜 일을 회상해서 읽는 것은 그리 좋은 일은 아닌 듯하다. 어제 일처럼 생생했다. 과장님의 어투는 내가 기억하고 있던 것보다 훨씬 더 모욕적인 게 아닌가.

"「영광의 탈출」이라는 영화 주제음악인데, 상식도 몰라? 고등학교 때 뭐 했어?"

수필을 쓸 때 되도록 한자를 피하라고 하신 교수님의 말씀. 이 가르침이 뇌리에서 떠나지 않은 이유를 알았다. 이십 대 시절, 한자 때문에 받은 상처가 보인 것이다. 코피 나게 공부했던 한문. 공부를 해도 해도 실력이 늘지 않았다. 사회생활을 하면서 나를 괴롭게 했던 한문. 문장 속에서 한자를 한글로 풀어쓰라는 말씀은 마음에 남아있는 쓴 뿌리를 치료하는 약이자 위로였다. 위로는 "학술적인 글에서는 한자를 쓰지만, 수필에서는 한자를 피해야 해. 한글을 사랑해야지."라는 뜻으로 내 속에 퍼져 들어왔다.

「영광의 탈출」 주제음악을 인터넷에서 찾아서 들었다. 곡 자체는 이미 내가 아는 곡이었다. 영화 제목을 몇 번 되뇌다 보니 생뚱맞게 슬슬 웃음이 나오는 게 아닌가. 어릴 적 꿈은 작가라고 입버릇처럼 말했지만, 나이 쉰이 넘어서 글을 쓰고 있는 내가 신기하다. 나 자신이 정말 한글을 사랑하는 사람임을 깨닫는다. 최재선 교수님께서 해 주신 비평 덕분에. 불현듯 무엇인가를 깨달았을 때 가슴에서 솟구치듯 터져 나온다는 "유레카!"를 외쳤다.

내 인생이야말로 영광의 탈출이다.

2021. 9.

다락방

초등학교에 입학한 어느 날. 선생님께서 나를 지목하시더니 칠판에 있는 문제를 풀라고 하셨다. 단어와 그에 맞는 상황을 연결하는 문제로 기억한다. 정말 아무것도 몰라서 마음대로 줄을 그었다. 뛰어놀기만 했기에 사고할 줄 몰랐던 나. 화가 머리끝까지 난 선생님은 내 귀를 잡고 마구 흔들어 대기 시작하셨다. 이것도 모르냐면서. 수줍었던 여덟 살 꼬마는 내동댕이쳐졌다. 60명도 훨씬 넘는 또래 앞에서.

방과 후, 집으로 달려가 울고 또 울었다. 엄마에게 으름장을 놓았다. 반을 바꿔주지 않으면 다시는 학교에 안 가겠다고. 세상 밖에서 처음 받은 푸대접이자 멸시였다. 이삼 주 지났을까. 반을 바꿔준다는 말을 듣고 학교에 갔다. 낯선 교실, 덩그러니 맨 뒤에 놓인 책상이 서글프게 나를 맞이했다. 전 담임 선생님이 진심으로 미안하다고 사과하던 장면이 흐릿하게 기억난다. 그 뒤로 나는 있는 듯 없는 듯 말 없는 아이로 자라났다. 헛헛함이 모든 걸 삼켜 버렸다. 똑똑하지 않으면 인정받지 못한다는 자체가 충격적이었기에.

중학생 시절, 다락방이 있는 집으로 이사했다. 외로움으로 구멍 뚫린 마음은 다락방에 있는 것을 좋아했다. 안방 한쪽 벽에 자리한 작은 문을 열면 나오는 짧은 계단. 천정에 머리가 부딪칠 수 있으므로 몸을 바짝 웅크리고 올라야 한다. 좁디좁은 공간, 집안의 온갖 잡동사니가 있는 곳. 다락방은 나만을 위한 세계였다. '이상한 나라의 엘리스'처럼 나를 초대하는 곳. 엎드려 눕기에 딱 알맞은 방에서 안락함을 맛보았다.

후드득후드득 떨어지는 빗소리와 함께 이팔청춘 감성으로 젖어들었다. 어두운 밤하늘, 이문세의 '별이 빛나는 밤에' 사연을 들으며 울고 웃었다. 볼품없지만 마음이 아늑해지는 방이다. 까마득한 미래를 노래했다. 설레는 마음으로 친구에게 편지를 쓰면서. 매일 밤, 지붕 이쪽 끝에서 저쪽 끝까지 쥐들이 달리기하는 소리가 더 크게 들려왔다.

구두장이의 딸로 태어나 재봉틀과 망치 소리를 듣고 가죽과 본드 냄새를 맡으며 자랐다. 함께 굴러가는 아버지의 재봉틀 소리에 집중이 안 된다며 많이 울었다. 밤늦도록 공부해야 하는 시험 기간마다. 등교 시간, 교통비를 빌리러 매일 아침 주인집으로 달려가는 엄마. 그게 싫어서 장롱 속에 있는 옷을 하나씩 뒤지다가 주머니에서 동전이라도 발견하면 환호하던 나.

단돈 삼백 원이 없었다. 방과 후 분식집에서 친구와 오순도순 떡볶이나 잡채를 먹으며 떠는 수다는 사치였다. 친구를 외면한 채, 버스 정거장에서 내려 허기진 배를 잡고 터벅터벅 집까지 올라갔다. 온몸이 금방 축축이 젖었다. 달동네 오르막길은 상당히 가팔랐기에. 거의 매일 다락방 계단을 오르락내리락하며 일기장에 하소연하듯 삶을 읊어댔다.

세월은 흘렀고 어느덧 대학생 자녀를 둔 가정주부가 되었다. 더불어 작년 2020년에 나 또한 한일장신대학교에 입학했다. 심리상담학과라는 전공과 내게 주어진 고유 학번은 배움에 대한 갈증을 해소했다. 쉰 살이 되기까지 전공과 학번이 어떻게 되냐는 질문을 받으며 살아왔기에.

아쉽게 대부분 교수님은 만학도인 나에게 '선생님'이라는 호칭을 썼다. 나이를 많이 먹고 대학생이 되었으니 이해할 수 있었다. 선생님이란 호칭을 들을 때마다 마음이 무거웠다. 어린 시절 귀를 잡혔던 기억이 떠올라서. 그저 나는 은미 학생이라고 불러주시기를 마음으로 주문했다. 가끔 은미 학생이라고 부르시는 교수님이 계시면 너무 설레고 행복했다.

학교에 글쓰기 동아리인 어두 문학회가 있다. 변양희 학우의 도움으로 글쓰기 수업에 참여하기 시작했다. 글을 쓰는 사람은 삶이 아름다워야 한다는 최재선 교수님의 가르침이 있는 곳이다. 어느 날 교수님께서 수업 시간에 찍은 사진을 페이스북에 올리셨다. 순간 가슴 깊은 곳에서 알 수 없는 뭉클함이 올라왔다. 수업하는 장면 속에서 무언가 신비스러움이 묻어 나왔다. 이 느낌이 드는 근원을 깨닫기까지 약간 시간이 걸렸다.

사진 속 장면은 이렇다. 내가 앉은자리는 평소 교수님이 앉으시던 자리다. 어쩌다 보니 그날 내가 앉았다. 자리가 살짝 부담스러워 몸은 옆으로 돌린 상태. 빼곡하게 둘러싼 책장 한가운데 여섯 명이 옹기종기 모였다. 어둑어둑한 책장 때문이었을까. 교수님 연구실은 어릴 적 아늑했던 다락방 그 자체다. 다락방에서 시인이 되기를 꿈꿨던 열여섯 살 먹은 아이. 그 아이가 35년이 지나서 대학교 문학 동아리에서 글을 읽고 있다. 게다가 수필가이자 시인이신 교수님 연구실 안에서.

수업 시간에 교수님은 크게 공감하시면서 우리가 쓴 글을 들어주신다. 또 중간에 교수님께서 던지시는 유머와 재치는 우리를 많이 웃게 한다. 고쳐야 할 시간이 되면 때로는 사랑의 매를 꺼내시는 교수님. 스승님은 더욱 빛나는 문장을 위해 날 선 검과 같은 예리한 지적도 마다하지 않으신다. 이런 시간이 나에게 너무나 행복한 순간이다.

중학교 3학년 때 20년 뒤, 30년 뒤 모습은 어떠할까 궁금했다. 길음동 달동네 담벼락에 턱을 괴고서 친구에게 말했다. 별똥별에게 소원을 빌듯이.

"나는 현모양처가 될 거야. 그리고 시인도 될 거야."

이제까지 지나온 길이 한눈에 보였다. 앞으로 가야 할 길 역시 어렴풋하게나 보이는 듯하여 가슴이 뛰기 시작한다.

2021. 6.

풍경

겨울 햇살이 반가워 집을 나선다.

40여 분 전주역까지 걷는다. 오후 3시 3분, 삼례 행 기차에 올라탄다. 십 분 만에 도착한 삼례. 언젠가 한 번 찾았던 기억을 어슴프레 꺼내어 발걸음을 더듬는다. 삼례문화예술촌을 향해. 제 1전시실에 들어서자마자 친근한 그림에 볼 꽃이 핀다. 크게 기대하지 않고 찾았는데. 빈센트 반 고흐, 그가 살아 숨 쉬는 듯하다. 이상하게 수많은 그림 가운데, 고흐의 작품은 제법 친근하다. 울퉁불퉁 뾰족한 마음이 둥글둥글해진다. 입을 굳게 닫은 꽃 봉우리가 얼굴 내밀 듯.

〈별이 빛나는 밤〉, 〈해바라기〉, 〈자화상〉, 〈아를의 방〉, 〈사이프

러스가 있는 밀밭〉을 눈으로 포옹한다. 그림이 삶에서 전부였던 한 사람. 붓끝에서 전해지는 진한 농도와 손끝에 담긴 힘을 그윽이 바라본다.

나는 누구인가. 숯처럼 시커멓게 탄 삶을 어떻게 헤쳐 나가야 할까. 집을 떠나기 전, 던진 물음에 고흐가 답한다. 그림 속에 녹아난 화가의 열정이 말을 걸어와 귀를 넓게 편다. 삶을 대하는 자세를 다시 한 번 고치는 순간. 화가의 작품에 삶을 잇댄다. 이것이 예술의 힘일까.

그림을 지그시 바라보며 마음의 빗장을 열어젖힌다. 좁아지고 비뚤어진 마음의 평수를 다잡는다. 세상을 바라보고 자신의 방식으로 아름다움을 표현하는 작가. 고흐의 손길에서 나의 삶을 재해석한다. 끊임없는 대화가 마음속에서 일어나는 순간. 방에 있으면 이해하지 못할 깨달음과 통찰을 얻는다. 집을 떠나는 것은 좁디좁은 나만의 세상에서 벗어나는 열쇠이지 않을까.

한 시간 가량 그림을 감상하고 예술촌을 빠져나온다. 기차 타는 시간을 놓쳤다. 버스 정거장이 어디 쪽이더라? 예전에도 이곳을 찾았을 때, 삼례 길을 헤맨 적이 있는데. 지도 앱을 봐도 어디가 어딘지 몰라 살난스럽다. 길이 낯설기 때문이겠지. 이럴 땐 차라리 손전화기를 가방에 집어넣는다. 품안에 들어오는 모든 풍경을 마주하려고. 낯선 길을 마음에 담는 건 꽤 괜찮은 일이다.

지나가는 아주머니에게 묻는다. 한마디, 한마디 간절하게 귀여겨 듣는다. 익숙한 곳에서 동그마니 떨어진 이 쫄깃한 모험. 시간이 지나 뒤 돌아보면, 없어서는 안 될 음식의 양념과도 같은 것. 가르쳐 준 방향대로 걷는데, 멀찍이 컹컹 개 짖는 소리가 들린다. 허락도 없이 남의 동네에 들어왔냐는 듯. 마음이 다급해진다. 혹시 길을 잘못 들어섰나 싶어 두리번거린다. 고즈넉하다 못해 적막감이 돈다. 긴장감이 없다면 낯선 길이 아닐 걸, 하고 위안 삼는다.

편의점 부근에 정거장이 있다 했는데. 목줄을 하지 않은 개 한 마리가 대문 밖을 나오며 으르렁댄다. 지나가야 하는데 물리면 어떻게 하지. 산이든 동네든 주인을 벗어난 개는 두려움의 대상이다. 개를 피해서 편의점 야외 테이블을 바라본다. 남자 몇이 이야기하며 앉아 있다. 좀 도와줘요. 속으로 외치는 소리를 들었을까. 한 남자가 개에게 들어가라고 호통 치니 흠칫 놀라 되돌아간다. 역시 순진한 시골 개다. 조금 전, 잉큼잉큼 뛴 가슴이 피식 콧방귀를 낀다. 인적이 드문 곳에서 만나는 사람이 반갑다. 안도의 한숨을 쉬고 겸사겸사 버스정거장 위치를 물어본다. 알려준 대로 십 여분 걸어가니 정거장이 나온다. 이제야 긴장한 마음이 빗장을 푼다.

이로부터 8년이 지났다. 통증의 감옥에 얽매이기 싫어 집을 나선 하루. 안개 같이 둘러싼 아픔도 지금은 사라지고 없다. 넘어지면 일어서기를 반복하다 보니, 글 속에서 덕선이가 나타나서 웃는다.

『그해 덕선이』의 출간을 앞두고 오늘은 '작가의 말'을 쓰려고 펜을 긁적거린다. 책을 펼칠 때마다 작가의 말을 읽으며, 환상의 나라로 빠져들곤 했는데. 이 두근거림이 꿈을 주는 씨앗이었다니. 꿈이 현실이 되는 순간, 구름에 붕 뜬 것처럼 마냥 설렌다. 삼례문화예술촌을 향하던 발걸음은 덕선이에게 또 하나의 풍경으로 한 쪽을 장식한다.

내일은 어떤 풍경이 펼쳐질까.

*살난스럽다: 마음이 어지럽다
*동그마니: 홀가분하게, 외따로 떨어져
*잉큼잉큼: 가슴이 빨리 뛰다

2024. 1. 13

희망의 노래

사랑관 입구, 겨울나무에 눈꽃이 찬란하게 피었다.

오늘은 겨울방학 글쓰기 특강 첫 시간. 최재선 교수님께서 글쓰기의 원칙에 대해 설명하신다. 와! 어떻게 저걸 다 외우고 계실까. 신기하다고 생각하는 순간, 오류라는 단어가 가슴을 파고 들어온다. 오류란 논리적으로 타당하지 않은 추리를 타당한 것처럼 내세워 자기주장을 관철시키는 것. 글쓰기에서 나타나는 암적인 존재라고 한다. 귀에 한 단어가 꽂힌다. 암? 순간 삶 구석구석 숨겨져 있던 오류가 벌겋게 민낯을 드러내더니 곰팡이 꽃을 피운다. 길을 잘못 들어서서 애타한 시간이 떠올라 종이 위에 몇 줄 긁적인다.

"살아가는 오늘 이 하루/ 거울 보듯 마주 앉아/ 마음 들여다보고/ 고칠 수 있는 것 잘 고쳐 보자// 순간 선택 잘 하면 오류는 사라지고/ 조금씩 진리 앞에 나아가게 될 터이니// 너무 조바심 내지 말자/ 스스로 다독인다."

좋은 스승님에게서 배운다는 것은 소름끼치도록 즐거운 일이다. 마치는 시간에는 기도까지 해주신다. 대학 수업에서 기도 받는 순간이 종종 있는데 그때마다 가슴 벅차다. "눈길, 안식처로 잘 들어가게 해주세요." 흔들리는 버스에서 어떻게 버텨야 할지 걱정이 태산인데. 내 마음을 들여다보신 걸까. 교수님의 기도, 마지막 부분 위에 내 기도 살포시 얹어 진심으로 기도한다. "눈길, 아픈 허리 부여잡고 안식처로 잘 들어가게 해주세요." 기도는 이루어졌다. 집에 잘 도착했다.

이로부터 4년이 지났다. 한여름 매미가 목청껏 소리친다. 다시 마주하는 여름방학 글쓰기 특강. 열변을 토하는 스승님의 모습이 여전하시다. 갑자기 학생 몇몇을 앞으로 부르신다. 글쓰기의 효과에 대해 발표하는 시간을 마련하신 것. 머리가 하얗다. 고심해서 써 내려가는 글과는 달리, 말하기엔 아주 꽝인 나. 누구보다도 일기 속에서 글쓰기의 황홀을 맛보았지만, 이걸 말로 해내라고 하면 엉키는 실타래. 흐려진 맥을 잡고 마이크를 든다. 지난 시간이 파노라마처럼 흐른다.

2년 전 첫 번째 책을 낼 때는 상처를 드러내기 바빴다. 말로 하면 흉이 되고 비수가 되어 나를 찌르기 일쑤니, 글로 쓰라는 스승님의 말씀에 힘을 얻었다. 그러나 영문도 모르고 계속 아팠으니 글 전체가 어둡고 슬프고 힘들다. 컴퓨터 앞에 오래 앉는 것도 할 수 없던 시간. 누워서 책받침을 대고 종이 위에 긁적거렸다. 아니, 생각이라는 무한한 종이를 펼쳐놓고 그림 그렸을 테다.

  책을 내는 게 쉬운 일이 아닌데 작년에 두 번째 책을 내는 행운이 또 찾아왔다. 몸이 겪는 절반의 통증 속에 절반의 회복도 따라왔다. 아픈 허리가 서서히 건강을 되찾으면서 글도 조금씩 밝아졌다. 상처를 모두 드러내니 딱지가 덮였나 보다. 긴 시간에 걸쳐 딱지는 흐물흐물해지더니 떨어져 나갔을까. 허성한 가지 위로 애기 같은 꽃망울이 툭툭 튀어 나왔다. 추운 겨울이 지나가고 웃음을 터뜨리는 꽃. 평범한 일상이 얼마나 소중한지. 예전에는 느끼지 못한 삶의 기쁨이 축제처럼 넘실댔다.

  올해는 개인 수필집을 내는 기적이 펼쳐졌다. 다시 지나간 날을 돌아본다. 손톱만한 희망도 앗아가 버린 십 년이라는 세월 속. 밤낮으로 일기를 쓰며 통곡했다. 연기가 되어 사라진 평범한 일상. 감당할 수 없는 풍랑을 담아낸 일기. 고달픈 삶을 진주처럼 대하다 보니 찾아온 선물일까. 포기하지 않고 끊임없이 글을 썼다. 슬픔과 아픔과 고통. 이 모든 것은 희망을 노래하는 재료였다. 글 속에서 숨을 쉬다 보니, 마음도 몸도 고통에서 벗어나는 은총을 입었다. 자신을 회피하지 않고 들여다보는 긴긴 시간은 나를 배신하지 않았다. 가장 좋은 것으로 화답함으로써.

  나의 짧은 고백이 끝나 마이크를 내려놓으니 또다시 스승님의 열띤 강의가 이어진다. 날마다 일기를 써라. 서론, 본론, 결론 형식을 갖춰라. 적유타신효공을 지켜라. 오류에 빠지지 마라. 이 모든 것 지키면 좋겠지만 되지 않아도 무조건 날마다 써라. 글을 쓰면 자존감이 높아지고 회복이 따라온다. 살아있는 한 평생 A/S 해줄 테니, 글 하나 들고 상담하러 찾아와라. 제발.

강의실에 앉은 작은 씨앗들이 꿈틀댄다.

*적유타신효공 : 글쓰기의 여섯 가지 원칙인 적절성, 유기성, 타당성, 신뢰성, 효용성, 공정성

■ 추천하는 글

삶으로 숙성한 글장

최재선(시인, 수필가, 한일장신대 교수)

　미야 작가를 처음 본 건 네 해 전 어느 봄날이다. 코로나가 기승을 부리던 시절이라, 마스크를 낀 얼굴을 전부 볼 수 없었다. 바람이 불면 금방 날아갈 것 같은 나뭇잎 같은 모습으로 문학회에 참석했다. 앉아있는 게 불편하여 앉았다 섰다 하길 반복하며 하룻날도 빠지지 않았다. 학교를 두 해 동안 휴학했다. 성치 않은 몸 때문에 학업은 접었는데도 이 시절에 문학회는 꼬박꼬박 참여했다.
　미야 작가의 글에 대한 열정은 어렸을 때부터 꾸준히 쓴 일기로 거슬러 오른다. 미야 작가는 글 쓰는 것뿐만 아니라, 책 읽는 걸 몸으로 체화하며 살아왔다. 이런 토양 위에 작가가 심은 글의 씨앗이 마침내 글의 숲을 이룩한 것이다. 가세가 그리 넉넉하지 않은 가정에서 태어난 건 누구에게나 한 시절의 상처다. 아니 인생 전반에 걸쳐 헤어날 수 없는 족쇄가 될 수도 있다. 미야 작가는 부정을 긍정으로 상처를 꽃으로 승화하는 힘을 가진 부자다.

잘사는 사람이 좋은 글을 쓴다. 미야 작가의 시부모님은 지금 요양병원에 계신다. 무시로 이런저런 것을 요구하는 시부모님을 곁에서 잘 모시고 있다. 시어머니가 종종 애먼 소리를 해도 글꽃으로 피우고 만다. 늦깎이 대학생으로서 심리상담과 신학을 곁들어 공부하는 작가는 심리적 회복 탄력성 못지않게 삶의 탄력성의 탄성도가 높다. 글쓰기를 통해 삶을 성찰하고 자신을 객관화하는 평수가 널찍해졌기 때문이다.

미야 작가는 2022년 에세이문예 봄호를 통해 수필가로 등단했다. 그동안 『다섯 빛깔로 빚은 隨채화』(공저)와 『이번 역은 문학녘』(공저)을 출간했다. 한일장신대학교 문학동아리 어두문학회에서 활동하고 있다. 지금 어두문학회 회장을 맡으며 문학에 대한 열정을 불사른다. 매주 한 차례도 빠지지 않고 글을 성실히 쓰고 있으며, 여러 회원을 넓은 품으로 안온하게 품고 살뜰히 챙긴다.

미야 작가의 작품은 한마디로 삶으로 빚은 글장이다. 어떤 집이든 장이 음식의 맛을 좌우한다. 이번에 출간한 수필집 『그해 덕선이』 곳곳에 글맛이 깃들어 있다. 사소한 것에 의미를 부여하고 삶을 문학적으로 형상화한 모습이 풍경이다. 문장은 가물지 않은 강같이 막힌 데

없이 거침없이 흐른다. 작가에게 글쓰기는 하나의 중독이다. 작가는 아무도 살지 않는 곳에 홀로 있어도 내면의 소리와 우주의 음성을 듣는다. 귀를 막지 않아도 고통이 잘 들리고 우주의 신음이 명료하게 다가온다. 불타지 않은 기억을 글의 집으로 엮는다. 미야 작가는 이제 글 중독에 빠진 글장이다.

글장이에 머물지 않고 삶장이의 길을 걷고 있다. 나아가 하나님의 자녀로 신앙인의 삶을 살려고 몸부림친다. 다른 작가는 애매하게 살아도 되지만, 수필가는 분명하게 살아야 한다. 수필가는 많은 사람의 거울이다. 이러한 까닭에 수필을 쓰는 게 어렵고 수필가로서 사는 게 힘들다.

삶이 좀처럼 희망으로 다가오지 않거나, 터널같이 아득할 때 『그해 덕선이』를 만나보기 바란다.

그대 삶의 끼니를 맛깔스럽게 돋울 것이다.

미야 **이은미** 수필집
그해 덕선이

인쇄 2024년 9월 27일
발행 2024년 9월 30일

지은이 이은미
발행인 서정환
펴낸곳 수필과비평사
주소 서울시 종로구 삼일대로 32길 36(익선동 30-6 운현신화타워 빌딩) 305호
전화 (02) 3675-3885, (063) 275-4000 · 0484
팩스 (063) 274-3131
이메일 sina321@hanmail.net essay321@hanmail.net
출판등록 제300-2013-133호
인쇄 · 제본 신아출판사

저작권자 ⓒ 2024, 이은미
이 책의 저작권은 저자에게 있습니다. 서면에 의한 저자의 허락없이 내용의 일부를
인용하거나 발췌하는 것을 금합니다.

저자와 협의, 인지는 생략합니다.
잘못된 책은 바꿔 드립니다.

ISBN 979-11-5933-544-0 03810

값 15,000원

Printed in KOREA